副業アイデア逆引き事典

どんなネタでも副収入！・驚きの発想とすごい売り方77

戸田充広

日本実業出版社

問題1

次の組み合わせで生まれる
収入を生み出すアイデアは？

絵本 × 手相

解答欄

問題2

次の組み合わせで生まれる
収入を生み出すアイデアは？

木彫り × ぬいぐるみ

解答欄

答え・解説は各問題の次のページにあります。各参照ページにはそれぞれの問題に関連する内容が記載されていますのでご確認ください。

①の答え

絵本と手相でヒットしたアイデアは

「お姫様診断」

「あなたは白雪姫タイプ」「あなたは桃太郎タイプ」と絵本のキャラクターになぞらえて、手相の診断結果を伝える「お姫様診断」は、より伝わりやすく、親子にも大人気に。大手通販会社の通信講座にも採用された。

123P参照

②の答え

木彫りとぬいぐるみで

「癒しの木彫り」

「木彫りのイメージ」＝「荒々しいもの」を一新する、やわらかく温もりのある作風で人気に。その作風を学べる通信講座はメルマガ限定で募集なのに、常に即満席状態。親切丁寧な教材が好評。

148P参照

問題3

次の組み合わせで生まれる収入を生み出すアイデアは？

手描き友禅

×

ハワイ

解答欄

問題4

次の組み合わせで生まれる収入を生み出すアイデアは？

サーフィン

×

会議室

解答欄

3の答え

手描き友禅とハワイで

「ハワイアン友禅」

日本の伝統である「友禅」に、ハワイアンのデザインを持ち込むことで唯一無二の作品を生み出す。さらには藍染でもハワイアン柄を描き、和＋洋の新たな世界観を演出して大人気に。

112P参照

4の答え

サーフィンと会議室で

「会議室サーフィン教室」

サーフィン上達の理論を、海ではなく会議室で伝える教室を開催。異質な組み合わせで与えるインパクトは強烈。海に行く時間が取れなくても会社帰りに学べると人気を博し、大阪と東京で満席を連発。

114P参照

問題 5

次の組み合わせで生まれる
収入を生み出すアイデアは？

九星気学 × テディベア

解答欄

問題 6

次の組み合わせで生まれる
収入を生み出すアイデアは？

城跡 × 地場産業

解答欄

5の答え

九星気学とテディベアで、

「開運テディベア」

九星気学で導き出される開運の「色」と、元々好きだったテディベアのハンドメイドの組み合わせ。何色のベアが届くかわからないドキドキ感と、実際に届いたベアの可愛さで数ヶ月待ちの人気に。

125P参照

6の答え

城跡と地場産業で、

「ブックマーカー」

城跡やその城にまつわるご当地武将をあしらったデザインに地場産業である水引をあしらったブックマーカー（栞）を制作。海外展示で大人気となり、ふるさと納税の返礼品に。

170P参照

問題 7

次の組み合わせで生まれる
収入を生み出すアイデアは？

ペイント × 革ジャン

解答欄

問題 8

次の組み合わせで生まれる
収入を生み出すアイデアは？

50年代アメリカ × ハンドメイド

解答欄

7の答え

ペイントと革ジャンで、革ジャンに直接描くアート「革ジャンペイント」

独特のアートを、専用の塗料で革ジャンに描き、世界で一点ものに仕上げる。革ジャンにマッチするその作風で愛好家を魅了、口コミでファンを増やしてやがて人気に。常にオーダーが絶えない。

139P参照

8の答え

50年代アメリカとハンドメイドで「アメリカンヴィンテージアクセサリー」

50年代の古き良きアメリカのファッション好きから始まった。それに合うアクセサリー求めて、自らハンドメイドをスタート。その作品の魅力に国内はもちろん、海外からも注文が入っている。

271P参照

はじめに　～極めなくても、副収入は作れる！　ぶさいくスタートの心得～

唐突ですが、次の中で実際に、収入を得ることができているアイデアはどれでしょう。

A　**ワンピースで着痩せ**
B　**キックボクサーのトランクスをハンドメイド**
C　**犬専門マッサージ**

答えは本文掲載の77事例の中から見つけてくださいね。

私は趣味起業コンサルタントとして、普段から「趣味を仕事にする」ためのお手伝いをしています。起業という言葉を使ってはいますが、生徒さんの半分以上は副業として取り組まれている方々です。そこで副業のアイデアをお伝えする本書には「趣味副業」という言葉がたびたび出てきますが、そこには「趣味起業」という意味も含んでいるものとして読み進めていただけますと幸いです。

さて、多くの人が「毎月の収入、あと数万円増えたらいいな」と思っています。そしてその方法はたくさんあります。例えばアルバイトをする、今より好条件の仕事へ転職をする、フリマアプリで不用品を売る、アフィリエイトや転売ビジネスをする、株式投資やFXをする、自分の好きなことで起業する…など。

でも実際には多くの人が「私には無理だろうな」と思って行動に移しません。

無理だと思う理由もいろいろあります。「本業が忙しすぎて疲れる」「時間がない」「スキルがない」「ネタがない」…など。

しかし、私は「趣味起業コンサルタント」という仕事を17年以上続けてきて、そんな状況でもしっかり成果を出して、月数万円どころか、数十万円、なかにはそれ以上稼いでいる人を、大勢見てきました。そしてその人たちには共通点がありました。

それは、

「絶対できる！（絶対やる！）」

と、自分で信じ込んで（言い聞かせて）いる点です。

そう、「私には無理」ではなく、「絶対できる！」なのです。とは言え、「それが難しいんだよ」と感じている人も多いでしょう。「確かにそうかもしれないけど、そもそもネタがない」「このネタが収入になるとは思えない」というように。

そこでお伝えしたいのが「ぶさいくスタート」という考え方です。これは、あなたが何かのスキルを活かして収入を増やしたいと思ったとして、**必ずしもそのスキルを磨き切らなくてもいい、整う前に、つまりまだ「ぶさいく」な状態のままでスタートを切っていい**んですよ、という考え方のことです。わかりやすい例で説明しますね。

あなたが「水彩画」で収入を増やそうと考えたとします。

でもまだ初心者で特別に上手ではありません。だからあなたは「私より上手な人がいるから無理。もっと上手になってからにしよう」と考えます。もちろんそう考えるのは自然なことなのですが、残念ながらあなたよりうまい人は一生いなくなりません。世界の頂点を目指すなら別ですが、普通に趣味として描くのであれば、なおさらです。

そこで少し考え方を変えてみます。

あなたよりもっと初心者の人、つまり超初心者の人に対してであれば「筆の選び方」「絵の具の混ぜ方」「画用紙の選び方」「下描きの鉛筆の使い方」といったことは教えられるでしょう。ですので、まずは超初心者向けの教室をやればいいのです。

でもあなたはこう言うでしょう。

「そんなのYouTubeや本を見ればわかることだから、わざわざ誰も私に教えてとは言わないはず」

確かにそうかもしれません。でも途中でわからないことや不安なことに出会っても、動画や本に向かって質問はできないですよね。そこであなたは、「いつでもメールで質問ＯＫ」というサービスを提供すれば動画や本に勝てるはずです。

でもあなたはきっとこう言うでしょう。

「そんなの、私じゃなくもっと上手な人に聞けばいい。そのほうがちゃんと学べるはずだ」

そうかもしれません。でも超初心者の人は、うますぎる人には質問しにくいものです。「こんな初歩的なことを聞いていいのかな」と遠慮してしまいます。その点、少し前をいくあなたになら、まだ気軽に質問できるでしょう。それも、たとえわずかでも相談料を支払っているほうが、遠慮なく質問できます。無料だと何度も質問するのは悪いかなと思ってしまうのです。

そう考えると、初心者のあなたでも、超初心者の人向けに教室ができそうに思えませんか？　そうやって**「ぶさいくスタート」**を切った上で、少しずつ収入を作りながら、水彩画の腕も磨いていけばいいのです。

「うまくなってから」ではいつまでもスタートは切れません。さあ、あなたもそろそろ「無理」というのはやめにして、行動に移してください。

そのための方法、そのためのアイデアの出し方、数々の法則と事例を、本書にまとめました。またこの本のタイトル『副業アイデア逆引き事典』にふさわしく、「事例」を見つけやすい目次、目次末の「法則リスト」、さらに巻末の「索引」に多くの単語を入れることにもこだわりました。私と一緒にその具体的な方法を楽しみながら学んで実践する、収入アップの旅に出かけましょう。

趣味起業コンサルタント　戸田充広

目次

副業アイデア逆引き事典――どんなネタでも副収入！ 驚きの発想とすごい売り方77

はじめに　～極めなくても、副収入は作れる！ ぶさいくスタートの心得～

第1章　誰でも副収入は作れる！ あなたの中に眠るネタを見つけよう

ほとんどの人は「ネタがない」「才能がない」と思い込み、勝手に無理と決めつけている …… 30
あなたの中にあるネタを見つけるワーク …… 35
迷ったら楽しいほうに舵を切る！ …… 41
お金のブロックを外そう …… 49

第2章

まずはここだけ押さえよう！ 副収入を作る【趣味起業4つのステップ】

ステップ1 「無人島開業にならない5つのノロシの法則」 ～楽しい！ と収入、両方を手に入れる！～ 58

ステップ2 「上げたノロシに人を集める磁力の法則」 ～ニッチでも知名度を上げれば売れる！～ 70

ステップ3 「惚れたもの負けの法則」 ～ファン作りが結果を左右する～ 77

ステップ4 「売りたいものを売るスライムの法則」 ～感謝もお金も受け取れる、幸せな売り方！～ 84

番外編 金額別の稼ぎ方のステップを知ろう 月1万円／3万円／5万円／10万円／20万円以上 96

第3章

あなたの中にあるネタを副収入に変える！

【売れるアイデアを生み出す8つの法則】

売れるアイデアを5分で出す「非常識マトリクス」の使い方……103
あなたにしかできないアイデアを出す「非常識掛け算マトリクス」の使い方……108

売れるアイデアの法則1
「水と油の法則」～反対側に見えるものを追う！～……112
事例1 手描き友禅でハワイアン柄……112
事例2 会議室でサーフィン教室……114

売れるアイデアの法則2
「それ×これ＝アレ？ の法則」～意外な組み合わせで新しい価値を生み出す～……122
事例3 絵本と手相で、あなたは桃太郎タイプ……123
事例4 九星気学とテディベアで開運ベア……125
事例5 声と解剖学で美声チューニングレッスン……126

売れるアイデアの法則3
「他力本願の法則」～自分の力だけに頼らなくていい～……131
事例6 スペイン語ができないのにオリジナルのスペイン語教材を制作販売……132

売れるアイデアの法則 4
「ドリップコーヒーの法則」～絞りまくってお客様のハートをつかむ～ …… 135
事例7 スタートは女性限定、エアブラシアート教室 …… 136
事例8 販売記事専門のコンサルティング …… 138
事例9 革ジャンペイント …… 139

売れるアイデアの法則 5
「ぼっち最強の法則」～ニッチ過ぎるフィールドをひとり占め！～ …… 146
事例10 好きな香りを作り出す、手作りお香教室 …… 146
事例11 木彫りの通信講座 …… 148

売れるアイデアの法則 6
「欲しいとこだけトリミングの法則」～そこだけ切り取って届けてみる～ …… 156
事例12 あなたに足りない部分を強くします！ というサービス …… 157
事例13 レシピやキットを販売するハンドメイド「グルーデコ」 …… 158

売れるアイデアの法則 7
「あと出しじゃんけんの法則」～今あるアイデアをアレンジ～ …… 161
事例14 ソックモンキーをもっとかわいく！ …… 162
事例15 電話で語学！ を半自動化 …… 163

売れるアイデアの法則 8
「エア不動産投資の法則」～ノーリスクのエアマンション運営で安定収入～ …… 167
事例16 城跡大好き！ でオンラインサロン運営 …… 170

第4章

シェア拡散で知名度も収入も一気にアップする！

【シェア3つの法則】

良い商品を作っただけでは売れない …… 180

シェアの法則1 もらうと嬉しいからシェア！ …… 182

事例17 特製のアメで拡散、セミナー講師 …… 182

事例18 作品プレゼントでタグ付け拡散！ ハンドメイド作家 …… 184

シェアの法則2 楽しいからシェア！ …… 186

事例19 犬の変顔コンテストで拡散、ドッグマッサージセラピスト …… 186

事例20 プチ鑑定で拡散、メンタルストーン …… 189

シェアの法則3 自慢したいからシェア！ …… 193

事例21 「私のオリジナル曲」で拡散！ 一気に知名度アップしたピアニスト …… 194

事例22 手作り衣装（試合用トランクス）の拡散、１枚のＡ４シートの秘密 …… 196

第5章

コミュニティが副収入を生み続ける！【コミュニティから効果を生む2つの法則】

コミュニティの法則1 集客とはお客様を集めること？ に疑問を持つ！ …… 203
事例23 夫婦問題カウンセラーはあるコミュニティから始まった！ …… 213
コミュニティの法則2 コミュニティを作って副収入力アップ！ …… 216
事例24 スペイン語コミュニティ …… 227
事例25 美容室にもコミュニティ …… 229

第6章

価格の決め方と売り場の話

売り場はリアルもオンラインもこんなにある！ …… 232
あなたにピッタリな売り場はどこ？ …… 237
「売れても赤字」にならない価格設定 …… 243
高いか安いかを決めるのはあなたじゃない …… 243

第7章

どんなネタでも大丈夫！ ネタをお金に変えたユニーク事例集

【変りダネ副収入8つの法則】

変りダネ副収入の法則 1 ニッチ過ぎても大丈夫！ 256
事例26 絶滅危惧種？ お茶箱をおしゃれに変身！ 256
事例27 龍に特化したイラストで収入 257
事例28 知られるほどに人気教室に！ パラグアイの刺繍「ニャンドゥティ」 258
事例29 蓮の葉は象の耳!? 「ボタニーペインティング」 259

変りダネ副収入の法則 2 視点を変えてさらに目立つ！ 260
事例30 家系《かけい》診断で親子関係・人間関係をもっと素敵に 260
事例31 何でもタイルで作ってしまう、タイルクラフトの世界 261
事例32 オリジナルアクセサリーで独特の世界観を演出！ 262
事例33 呼吸と瞑想で「感謝」も「ダイエット」も手に入れるヨガレッスン 263

変りダネ副収入の法則 3 経験がそのまま収入に！ 264
事例34 ストレスから発症した難病から、ストレスケアの活動を開始！ 264
事例35 夫の不倫経験から不倫解決カウンセラーに！ 265

事例36 40年以上の経験からオートクチュール、さらに妄想おしゃれワークも …… 266
事例37 子供の頃から感じていた生きづらさをバネに、多くの人を幸せに！ …… 267

変りダネ副収入の法則4
新しい世界観を打ち出す！ …… 268
事例38 色を使って売上アップ!? 色に特化したアドバイス …… 268
事例39 主に経営者や起業家向けのオリジナルマインドセットのセッション …… 269
事例40 マイナス5キロの着痩せを実現、魔法のワンピース！ …… 270
事例41 アメリカンヴィンテージのレトロな世界観をまとうジュエリー！ …… 271
事例42 独自の世界観で革財布を制作販売 …… 272

変りダネ副収入の法則5
共感の輪を広げて成功！ …… 273
事例43 海岸で拾った貝殻や、ガラスのかけらでアクセサリー作り …… 273
事例44 独特のセンスに共感続出、アイシングクッキー作家 …… 274
事例45 ライブ配信で本音を届けて共感の嵐！ 夫婦再構築カウンセラー …… 275

変りダネ副収入の法則6
自分が楽しい！ が成功の秘訣 …… 277
事例46 やりたいことしかやらない。ファンコミュニティ運営で楽しさ爆発！ …… 277
事例47 いろいろな人と出会える楽しさがたまらない！ 占い師起業 …… 278
事例48 作ることもデザインすることも、とにかく作るのが楽しい！ …… 279
事例49 リトミック教室からピアノ教室へ流れるように …… 280

第8章

ネットにつながればどこでもできる！

【場所を選ばないWeb副業9つの法則】

変りダネ副収入の法則 7
こだわりが収入につながる！……281
事例50 どこまでもこだわるモリス生地で、布製品を手作り……281
事例51 周りより高くてもオーダーが絶えない「アイシングクッキー」……282
事例52 こだわりのウェディングドレスを手作りで！……283
事例53 どんなものでもかわいく仕上がる羊毛フェルト……284
事例54 造花で編み上げるこだわりデザインの幸運リース！……285

変りダネ副収入の法則 8
結局「好き」がそのまま仕事に！……286
事例55 単純に絵を描くのが好き、を公表したらお仕事に！……286
事例56 大好きなシルバーや天然石でアートジュエリーを手作り！……287
事例57 好きだからこそ描き続けるチョークアート……288
事例58 物作りが好き！ 自分らしさを表現したくて出会った世界！……289
事例59 イタリア大好きから派生して経営者のメンター業へ……290
事例60 バッグもポーチも花デコで魅力アップ！ オリジナルメソッドで教室……291

Web副業も自分が楽しむ!! 294

NFTアートは高値で売れる? 誰もが気軽にアート販売できる時代に 296
Web副業の法則 1
事例61 タブレットで気軽に描いて、気軽に販売 297
事例62 自分で無理なら、自動で作る 299

メタバースの世界はどこまでも広い。仮想空間であなたは何をする? 301
Web副業の法則 2
事例63 どこからでも参加可能なイベント開催 302
事例64 メタバース内で商品販売 305

場所を選ばないオンライン講座であなたも講師デビュー 307
Web副業の法則 3
事例65 勉強会という名の講座を開催 308
事例66 流行りのアプリを使えるようになったので、使いたい人に教えます 309
事例67 ハンドメイドのレッスンもオンラインで完結 311

デザインをノーリスクで商品化。ドロップシッピングで無在庫販売 313
Web副業の法則 4
事例68 某有名衣料販売会社でオリジナルデザインTシャツを販売 314
事例69 ノベルティ制作でメイン商品の売上をあと押し 316

Web副業の法則 5
電子書籍で著者デビュー。あなたのコンテンツが世界に広がる …… 318
事例70 ChatGPTを使ってスピーディに電子書籍デビュー …… 319
事例71 電子書籍の出版から販売までをアドバイス …… 320

Web副業の法則 6
配信で稼ぐ？ ライブ配信がお金に変わる仕組み …… 322
事例72 配信から直接ものが売れる？ …… 324
事例73 ライブ配信そのものが収入になる …… 325

Web副業の法則 7
AIが動く、話す、だからあなたは表に出なくていいのです …… 328
事例74 デジタル読み聞かせで歴史グッズ販売へ …… 328
事例75 あなたの代わりにアバターが動いて話す …… 329

Web副業の法則 8
AIにも負けない？ Web記事専門のライティング …… 331
事例76 「文章が得意×好きなこと」がWebで収入を作るチャンス …… 332

Web副業の法則 9
まだまだある！ オンラインでできるお仕事いろいろ …… 334
事例77 リアルからバーチャルにつなぐ、オンラインイベント …… 335

第9章

副業で個人が知っておきたい注意事項

知っておきたい社会のルールや法律のコト……338
Web販売なら必須!? 特定商取引法に関する表記……339
注意しておきたい、必要な許認可……341
知らないでは済まされない！ 著作権・肖像権……342
その収入確定申告、要る？ 要らない？……345
必ずチェック、就業規則！ 無許可副業で起こりうるトラブルとは……347
インボイス制度、副業も関係ある？……349
副業がバレにくい確定申告とマイナンバーの関係……350
副収入はどう受け取る？ 専用口座は必要？……351
やがて独立したいなら……353
おわりに
さくいん

16	変りダネ副収入の法則 3 経験がそのまま収入に！	P264
17	変りダネ副収入の法則 4 新しい世界観を打ち出す！	P268
18	変りダネ副収入の法則 5 共感の輪を広げて成功！	P273
19	変りダネ副収入の法則 6 自分が楽しい！が成功の秘訣	P277
20	変りダネ副収入の法則 7 こだわりが収入につながる！	P281
21	変りダネ副収入の法則 8 結局「好き」がそのまま仕事に！	P286
22	Web 副業の法則 1 NFT アートは高値で売れる？ 誰もが気軽にアート販売できる時代に	P296
23	Web 副業の法則 2 メタバースの世界はどこまでも広い。仮想空間であなたは何をする？	P301
24	Web 副業の法則 3 場所を選ばないオンライン講座であなたも講師デビュー	P307
25	Web 副業の法則 4 デザインをノーリスクで商品化。ドロップシッピングで無在庫販売	P313
26	Web 副業の法則 5 電子書籍で著者デビュー。あなたのコンテンツが世界に広がる	P318
27	Web 副業の法則 6 配信で稼ぐ？ ライブ配信がお金に変わる仕組み	P322
28	Web 副業の法則 7 AI が動く、話す、だからあなたは表に出なくていいのです	P328
29	Web 副業の法則 8 AI にも負けない？ Web 記事専門のライティング	P331
30	Web 副業の法則 9 まだまだある！ オンラインでできるお仕事いろいろ	P334

趣味副業成功 30 の法則

1	売れるアイデアの法則 1 水と油の法則 ～反対側に見えるものを追う！～	P112
2	売れるアイデアの法則 2 それ×これ＝アレ？の法則 ～意外な組み合わせで新しい価値を生み出す～	P122
3	売れるアイデアの法則 3 他力本願の法則 ～自力だけに頼らなくていい～	P131
4	売れるアイデアの法則 4 ドリップコーヒーの法則 ～絞りまくってお客様のハートをつかむ～	P135
5	売れるアイデアの法則 5 ぼっち最強の法則 ～ニッチ過ぎるフィールドをひとり占め！～	P146
6	売れるアイデアの法則 6 欲しいとこだけトリミングの法則 ～そこだけ切り取って届けてみる～	P156
7	売れるアイデアの法則 7 あと出しじゃんけんの法則 ～今あるアイデアをアレンジ～	P161
8	売れるアイデアの法則 8 エア不動産投資の法則 ～ノーリスクのエアマンション運営で安定収入～	P167
9	シェアの法則 1 もらうと嬉しいからシェア！	P182
10	シェアの法則 2 楽しいからシェア！	P186
11	シェアの法則 3 自慢したいからシェア！	P193
12	コミュニティの法則 1 集客とはお客様を集めること？ に疑問を持つ！	P203
13	コミュニティの法則 2 コミュニティを作って副収入力アップ！	P216
14	変りダネ副収入の法則 1 ニッチすぎても大丈夫！	P256
15	変りダネ副収入の法則 2 視点を変えてさらに目立つ！	P260

カバーデザイン／志岐デザイン事務所（萩原 睦）
本文イラスト／戸田充広
本文デザイン・DTP／初見弘一
編集協力／本多一美
本文写真・イラスト等提供の皆さんへ ◆ Special Thanks!

第1章

誰でも副収入は作れる！
あなたの中に眠るネタを見つけよう

idea

ほとんどの人は「ネタがない」「才能がない」と思い込み、勝手に無理と決めつけている

まずは収入を得るために、あなたの中にあるネタに気づきましょう。多くの人は自分で勝手に「ネタがない」と思い込んでいます。まずはその思い込みを崩しましょう。ちなみにすでに「ネタ」がある人は、この章の41ページから読んでくださっても大丈夫です。

あなたの人生はネタの宝庫！　平坦な人生を歩んでいる人などいない

これまで数十年あなたが歩んでこられた人生の中で、いろいろなものに興味をひかれ、さまざまなものに熱中された経験をお持ちではないでしょうか。また数々の人生のイベントも体験されたことと思います。

にもかかわらず、多くの人は自分の人生が平凡で経験値も少なく、無趣味もしくはありふれた、あたりさわりのない趣味しか持っていないと思い込んでいます。だから、自分で副収

入を生み出すなんて無理だと決めつけているのです。

でもそれはただの思い込み。実は誰しも気づいていないだけで何かしらのネタを持っているのです。そうです、あなたの中にも副収入を生み出すネタがあるのです。

私は昔、大手旅行会社に勤めていたのですが、いよいよ景気も悪くなり、旅行需要も落ち込んできた頃、同僚の何人かは転職を考えていました。そんなある日の帰宅途中、先輩がこう言ったのを今でも覚えています。

「俺らなんて、今の会社辞めちゃったら、ただ旅行に詳しいだけのオッサンやもんなぁ」

何気に口を突いて出た本音なのでしょう。でも当時の私は「旅行に詳しい」というのはとても有益なスキルなのでは？と思ったものです。

確かに「旅行に詳しい」という面だけを見ると収入を得るのは難しいと思えるかもしれませんが、「温泉」「美食」「アジア」などとカテゴリを絞り込むことで、「アドバイス業」や「旅好きコミュニティの運営」といった副収入を生み出すネタになり得ます。

こんなふうに、誰しも自分の中に実は存在しているネタに気づいていない、ということが多いのです。**単純に仕事や趣味の世界において、あなたにとっては「できて当たり前」「知っていて当たり前」なことでも、そうじゃない人には「それ、ちょっとすごいスキルかも」ということが結構あるのです。**

例えば、ちょっと編み物の経験がある。ちょっと人の話を聞くのが好き。そんなちょっとしたことでも、そうじゃない人からすると「編めるの!? すごい！」とか「いつも話を聞いてくれてありがとう！」ということになります。**あなたも、あなたの周りの人にそう思ったことはありませんか？ 同じようにあなたにそう思っている人もいるはずなのです。**

だからほら、あなたの中にもネタはあるのです。

「ネタなし」の思い込み沼から脱出する質問の縄ばしご

では、実際にあなたの中にあるネタにどうやって気づけばいいのでしょう。

もしかすると、ここまでの話で、すでに「もしかしたら、あれがネタになるかも」なんて思っている人がいるかもしれませんが、できればより明確にするために、ちょっとあなた自身に質問をしてみましょう。

「あなたは休日、何をして過ごすことが多いですか？」

「出かけるとしたら、どこに行きたいですか？」

「30分の空き時間ができたら何をしますか？」

「飲食店に入るとき、どんな系統のお店に入ることが多いですか？」

「アウトドア・インドアではそれぞれ何をして過ごしたいですか？」

「寝る前の30分は何をしていますか？」

「困ったことがあると人を頼れるタイプですか？」

「誰といるときが楽しいですか？」

「何をしているときに幸せを感じますか？」


いかがでしょう。何のきっかけもなく「自分のネタってなんだろう」と考えても、答えを見つけることは難しいですが、このような**質問を自分に投げかけることで、より具体的に物ごとを思い浮かべることが可能になります**よね。

もちろん、質問はこれがすべてではありませんし、これでネタがすぐに見つかるとも限りません。あくまでも何かを思い付くためのきっかけとなる質問です。35ページから、よりあなた自身を深掘りしてネタを見つけやすくするワークを載せているので、ぜひチャレンジしてみてくださいね。

あなたの中にあるネタを見つけるワーク

ここまでの話で、あなたの中にも本当にネタがありそうだと気づいていただけたと思います。というわけで、ここからはさらに**あなたの経験や趣味嗜好を深掘りして、より明確にネタを見つけていきましょう。**

次の3つの質問すべてに、思い付く限りの答えを箇条書きにして書いてみてください。

質問その❶「人生を遡《さかのぼ》る」

あなたの人生を幼少期から中高生、大学や社会人と順に振り返ってみてください。この何十年かの人生の中で少しでも興味を持ったこと、楽しいと思ったことを書いてみましょう。

〈例〉
・虫取り　・ゲーム　・野球やサッカー　・ままごと　・お絵描き　・歌

・ぬいぐるみ　・推しのアイドル　・文化祭や体育祭　・クラブ活動　・修学旅行
・ドライブ　・コンサート　・映画鑑賞　・美術館　・カラオケ　・釣り

とにかく思い出せるものを全部書き出してください。これまで何に興味を持って、どんなことに触れて、生きてきたのでしょう。

また、あなたの人生を彩ってきたのは趣味嗜好だけではありません。人生の中でさまざまなイベントも経験されてきたことでしょう。

〈例〉
・人助けで表彰された　・皆勤賞をもらった　・書道の展覧会で展示された
・転校してもすぐ友だちができた　・内定をたくさんもらった
・転職でステージアップできた　・昇進した　・遠距離恋愛した

もちろん、このような嬉しいことや誇れることだけではなく、**一見マイナスな出来事と思える経験も、収入を生み出すネタになり得ます。**

例えば、私の生徒さんには、ご自身の離婚経験から「夫婦問題」を専門に扱うカウンセラーとして活躍されている方がいます。また、落ち込むことが多かったけど香りの効果で元気になった経験から、アロマセラピストとして活動されている人もいます。

こんなふうに、幼少期から現在まで時系列に振り返って、あなたの好きだったこと、少しでも興味が湧いたこと、乗り越えられたことなどを箇条書きにしてみましょう。

質問その❷「人からよく頼まれること」

あなたが自覚していなくても、実は周りから見ると、「あの人、あれが得意そう」「あれが上手だよね」と思われていることがあります。それを察知する方法のひとつが、「人からの頼まれごと」をチェックするというものです。

普段何を頼まれるかを思い返してみると、あなたの自覚していない「得意」なことが見つかるでしょう。 それを箇条書きで書き出してみてください。その頼まれごとから、副収入を生み出すための仕事が見えてくるかもしれません。

〈例〉
「町内会で配るチラシに使うイラストを描いて欲しい」

➡イラストを描く・絵を描く・デザインをするなど。

「のし紙の筆文字を書いて」

➡筆文字の代筆・筆文字でメッセージを伝える・絵手紙的な作品の制作販売など。

「ちょっと重いからそっち持って」

➡力仕事を引き受ける・何でも屋・荷運び代行・体の鍛え方講座など。

「この表計算ソフトの使い方教えて」

➡さまざまなソフトウエアの使い方アドバイス・作業代行・ビジネス系ソフトウエア使いこなし講座など。

「ちょっと、話聞いてくれる？（相談にのってくれる？）」

➡傾聴サービス・カウンセリング・アドバイザーなど。

こんなふうに、ちょっとした頼まれごとからさまざまな副収入への道が見えてきますね。

また、一見してマイナスイメージと捉えられるタイプの頼み事もあります。その場合の副収入との関係性も見てみましょう。

〈例〉
「ちょっと、静かにしてください」
⬇「お話好き」「いつも元気」⬇話す仕事・みんなが楽しめる場作り
「もう少し机の周りをきれいに片づけて」
⬇「整理整頓術」や「仕事の効率化」の逆⬇「散らかっていても仕事はできる」「片づけ下手な人の仕事術」という講座や、電子書籍販売

このように、とにかく人からよく頼まれることをすべて箇条書きにしてみましょう。これらはのちほど、並べて眺めてネタ探しをするので、そのまま手元に置いておいてくださいね。

質問その❸「一日中話していて飽きないこと」

あなたがずっと話していても飽きないことって何でしょう。一日中でなく、数時間でも構いません。たまたま友だちと共通の話題で盛り上がって、気が付けばずいぶん時間が経ってしまっていた、なんてことでも大丈夫です。

〈例〉

・推しのアイドルやアニメの話　・車の運転マナーの話　・スイーツの話
・パワースポットの話

とにかくときの経つのも忘れて話し込んでしまう、そんな話題を書き出してみてください。

ただ、ここで気をつけていただきたいことがあります。どれほど盛り上がる話であっても、ネタにしないほうがいいジャンルの話題が２つあるのです。

それは「政治」と「宗教」です。

と言うのも、どちらのジャンルも人それぞれに思いや思想があって、意見がぶつかることが多く、炎上する危険があるからです。そして炎上したあげく、明確な正解も出ないままになるからです。

もちろん、それを覚悟の上で挑戦される分には構いませんが、私としてはお勧めしないネタの２つです。

idea

迷ったら楽しいほうに舵を切る！

さて、あなたが取り組みたいネタが決まれば、この先は実践あるのみです。どんな手順でどのように進めればいいのかは第2章でお伝えするとして、ここではその大前提となる「考え方」の部分について触れておきましょう。

あなたがどんなネタで趣味副業（趣味起業）に取り組むとしても、必ずと言っていいほど出てくるのが「迷い」です。

進める途中で「やるべきか？」「やらないほうがいいか？」「右へ行くべきか？」「左へ行くべきか？」など、判断に迷うシーンが必ず出てきます。そうしたときに、**あなたの中にしっかりとした羅針盤がないと、動きが止まってしまい、副収入を生み出す道も途絶えてしまいかねません**。あるいは間違った判断で、思っていたのと違う結果に辿りついてしまう、ということにもなりかねません。

ということで、何を基準に判断し、どのように考えて動けばいいのか？を一緒に見ていきましょう！

やるべきか、やらずにおくべきか、ではなく、楽しいか、楽しくないか。

生徒さんからよくもらう質問にこういうものがあります。


「Instagramはやったほうがいいのでしょうか」

「TikTokが良いと聞くのですが、やるべきですか？」

「『こんなサービスがあればいいのに』と言われたのですが、やったほうがいいでしょうか」

「街で見かけたこの商品、売れてそうなのでうちでも扱いたいのですが、どうでしょう」


これらはすべて、自分の周りの声や、環境から影響を受けて、やるかどうかを迷っている質問です。もう少し踏み込んで言うと、こうした周りの情報に乗っかれば「私も儲かるかもしれない」「私もうまくいくかもしれない」、あるいは「時代に取り残されずに済むかもしれない」などというように、とにかく自分にとって利益があるかないか、不利益を被らないかどうか、で迷っている質問なのです。このとき私は必ずこうお答えしています。

「それをやっているあなたは、楽しそうですか？」

そうです。**すべては「やるべきかどうか」「儲かるかどうか」ではなく、「楽しいかどうか」「やりたいかどうか」で選ぶべきなのです。**

例えば周りの人がInstagramをやって盛り上がっているとか、TikTokでバズったという話を聞いたとします。そんなとき、「私もやったほうがいいのかも」と思ってしまう気持ちはわかります。でもここで大切なのは、それがあなたに向いているかどうか、楽しめるかどうか、ということです。

もしあなたが、動画の撮影や配信が苦手だった場合、無理してTikTokを続けることは、苦痛でしかありません。少しずつストレスも溜まり、途中で投げ出してしまう結果になるでしょう。Instagramだって、その投稿が楽しいと思える人には良いのですが、そうでなければ続けることは地獄です。

いずれにしても投稿が楽しくなくなり、中途半端に放棄してしまった場合、「私はできないダメな人」というマイナスイメージを自分に植え付けてしまいかねません。

また苦しそうに頑張って投稿している人と、楽しそうに投稿している人、その差は自然とフォロワーさんにも伝わります。お客様がどちらで買い物をしたくなるか、どちらでサービスを受けたくなるか、は聞くまでもないですよね。

「こんなサービスがあればいいのに」と言われた場合もそうです。そのサービスを楽しんで提供できるかどうかをまず考えます。

本当にあなたがやりたいことと合致しているのであれば悩むことなくGOですよね。でも、ちょっと違う、やりたいことと少しズレている、と感じた場合は要検討です。それを続けることで「楽しくない」気持ちが大きくなっていくようなら、やはり途中で投げ出したくなる可能性が高いのです。

こんなふうに「儲かるかどうか」「ニーズがあるかどうか」ではなく、あくまでも「楽しいかどうか」「やりたいかどうか」が重要なのです。だからこそ、**迷ったときは楽しいほうへ舵を切ってください**、とお伝えしているのです。

ひたすら動くと答えが見える!

とは言え、実際にやってみないと、それがあなたに向いているのか、楽しいと思えるのか、わかりませんよね。

「Instagramをやったほうがいいでしょうか」
「TikTokをやったほうがいいでしょうか」
「新サービスを展開したほうがいいでしょうか」
「お茶会やセミナーなどに参加したほうがいいのでしょうか」
「広告を出してみたほうがいいでしょうか」
「誰かとコラボをしたほうがいいでしょうか」

など、一度は実践してみる必要があります。

その結果、**途中で放り出してしまったとしても問題なしです。そこに罪悪感を持つ必要はありません。ただ、それがあなたに向いていなかっただけです。**とがめる人もいません。あなたの思ったように動きましょう。逆にそれが楽しくて仕方がない、というのであれば、そのまま続ければいいのです。

うまくいこうが、失敗しようが、すべてが経験であり、すべてが財産となっていくのです。**迷ったら楽しいほうに舵を切る、でもその前に、まずは実践してみる、**ということを意識してくださいね。

できないを決めているのは自分

やったほうがいいことはわかっている、でも行動できないという人はたくさんいます。その多くの人は、心のどこかに「私には無理」という意識を持っていて、本当に上手に「できない理由」を見つけてきます。

「時間がないから」「本業の仕事で疲れるので」「家族がよく思わないから」「予算が足りないので」「ライバルが多すぎるので」「私より上手な人がいるから」「ここは田舎なので」「写真が下手すぎて」など、本当にキリがありません。

でも**実は、「できない」と決めているのは自分自身なのです。周りの誰かが決めているわけでもなく、環境が決めているわけでもありません。**

確かに、「無理な理由」があると、動かなくてもいいので楽ちんかもしれません。でもそれでは何の成果も出ないことは明白です。そこでちょっと**「無理な理由」の捉え方を変えてみて欲しいのです。するとすべてがチャンスに変わってくる**ことに気づけることと思います。

「時間がない」⬇「時間のやりくりがうまくなるチャンス！」

「本業が忙しい」⬇「本業の効率化のチャンス！」

「家族の理解が得られない」⬇「家族団らんを増やすチャンス！」

「予算が足りない」⬇「低予算でできる方法を見つけるチャンス！」「資金調達に挑戦するチャンス！」

「ライバルが多すぎる」⬇「ライバル研究のチャンス！」「差別化を見つけるチャンス！」

「私より上手な人がいる」⬇「上手ではなくても喜んでもらう方法を見つけるチャンス！」「スキルアップのチャンス！」

「田舎！」⬇「オンライン化のチャンス！」「引っ越しのチャンス！」


ほら、無理だと思っていたその理由は、角度を変えて考えると、すべて何かのチャンスに変わりました。**何でも「無理な理由」にしてしまう前に、何のチャンスだろうと思案してみることも大切です。そう、できるできないは、自分が決めていることだったのです。**

「どうやったらできる?」をログセに

「無理な理由」をチャンスに変える。この思考に至るために**大切なことが「どうすればできる?」をログセにすること**です。普通に生活していても、目の前に難題が立ちはだかることはあります。趣味副業（趣味起業）で収入を得ようと思って行動をし始めるとなおさらです。そもそも、難題が目の前に現れるときは活動できている証拠で、頑張れている証拠なのです。何もしなければ波風が立たないように、難題も現れません。そして現れた難題を越えようすることで成長もできます。つまりは難題ウェルカム！なのです。

その**難題がやってきたときに大切なのは「どうしたら突破できる?」「どうやったらできる?」と考えること**です。もちろん、どう考えても突破できる方法が見つからない、ということもあるでしょう。でも考えることに意味があるのです。最初からあきらめないこと、あきらめぐせをつけないことです。

idea

お金のブロックを外そう

実際に趣味副業（趣味起業）で成果を出すためのステップについてお伝えする前に、もうひとつ「できない」「無理」に関する話をしましょう。それが「お金を受け取るブロック」の話です。

例えば、

「知人や友人が商品を買ってくれたけど、原価でいいよと言ってしまった」
「私なんかがこれ以上の値段をつけちゃダメな気がする」
「いつも不必要に割引してしまう」

など、自分が提供している商品やサービスに対して適正な対価を受け取ることに、抵抗を持っている人が大勢います。なかには価格設定をできないまま止まってしまう方もいます。わかりやすい価格設定の方法については第6章でお伝えするとして、ここではひとまずお金のブロックの外し方を見ていきましょう。

私なんかがもらっていいの？

お金を受け取ることに抵抗がある人から出る一番多い言葉が、

「私なんかがもらっていいの？」

です。でも考えてみてください。あなたがお金をきちんと受け取らないということは、商品を提供するたびに赤字になるということです。

そしてこれが続くと、やがて持ち出しが増えて回らなくなり、どこかのタイミングでビジネスを続けることが不可能になってしまいます。本来、副収入が欲しくて始めたはずの趣味副業（趣味起業）が、やればやるほど苦しくなるのは本末転倒ですよね。そしてこれは、あなた自身にとっても、あなたの商品を欲しいと言ってくれるお客様にとっても、不幸なことなのです。そうならないためにも実践して欲しいことが2つあります。

ひとつは「**少しずつの値上げ**」です。最初は安すぎても構いません。原価でもいいでしょう。とにかく「売る」「お金をもらう」という経験をして、「お金を受け取る」ことの抵抗を少しずつ減らしましょう。そしていずれは適正価格になるように、少しずつ値上げしてください。気が付いた頃にはお金のブロックも薄らいでいるでしょう。

もうひとつは「**買ってくれた人からのフィードバックをもらう**」ことです。お客様から感想をいただくのです。「お客様が喜んでくださっている」と実感をすることが、あなたの中に「私でもお金を受け取っていいんだ」という自信を芽生えさせるからです。

友だちからお金はもらえない

これもよく聞くお金に関する悩みのひとつです。仲良しだからついつい値下げしてしまった。友だちの紹介だから値引きした。そのまた友だち(ほぼ知らない人)も値引きしないとあとで「あの人は値引きしてもらったのに私には定価だった」と思われるとイヤなので、やっぱり値引きしてしまった。そんなループにハマってしまう人も少なくありません。

どこまでが値引きしていい人で、どこからは値引きしない人、なんてボーダーラインは引けませんからね。

だからこそ、最初から値引きなんてしなくていいのです。だって、あなたがきちんとお金を受け取らなければ、サービスや商品を欲しいと言ってくれた人は、次から気をつかって、「欲しい」と言えなくなりますから。

どうしても日頃の感謝の気持ちを表したいのであれば、**価格でサービスするのではなく「おまけ」をつけてみてはどうでしょう。**「モノ」をプレゼントしてもいいでしょうし、サービス内容を少しアップグレードしてもいいでしょう。そのほうがお互い気をつかわずにすみます。

ホテルなどでも、常連のお客様には値引きではなく、「朝食サービス」や「お部屋のアップグレード」といったサービスで感謝の気持ちを表してくれますよね。お友だち側の気持ちも考えると、やはりそこは「安売り」ではないと気づけるのではないでしょうか。

みんな安売りしているから

どうしても**高い金額を受け取ることに抵抗がある**、というのもよく聞く悩みのひとつです。高いと言っても、ここではべらぼうに高いとか、暴利を貪るような金額ではなく、ごく普通の適正価格のことを言うのですが、それさえ受け取ることに抵抗があるのです。

ですので、多くの人が一般的な価格より下げて販売してしまう傾向にあります。前述の「無料や原価で」や「お友だち価格」とまでは言わなくても、一般的に考えて「ちょっと安め」と思える価格設定にしてしまうケースです。

例えば、イベントに出店すると周りの人の価格が嫌でも目に入ります。またオンラインでも、ショッピングモールに出品したり、フリマアプリに出品したりすると、、これまた周囲の人の価格が目に入ります。そうでなくとも、同業者の価格設定はどうしても気になってしまうものですよね。

その結果、自分だけが高めの値段をつけるわけにもいかず、できればライバルより自分を選んで欲しいという思いから、少し安めの設定に落ち着いてしまいがちです。その結果、利益が出ず、売れば売るほど赤字になるという事態になってしまいます。

こうしたことを防ぐために理解しておいて欲しいことが2つあります。

ひとつは、**世の中のあらゆる商品が「安いから売れる」というわけではない**ということ。

もうひとつは**「安い」か「高い」かを決めるのは、あなたではなくお客様**だということです。

その証拠に、これまで、「欲しい」と思ったものの値段が少々高くても買ってしまった、という経験があなたにもあるでしょう。また逆に「欲しくない」ものは安くても買おうとしなかったはずです。また、同じ商品を見てもあなたと友だちとで「高い」「安い」の意見が違った、という経験もあるでしょう。

そのあたりはあなたの商品の価格設定にも大きく影響するので、詳しくは第6章でお伝えしますね。

第2章

まずはここだけ押さえよう！
副収入を作る【趣味起業4つのステップ】

この章では、あなたが副収入を手にするために知っておくべき動き方について、わかりやすく4つのステップにまとめてお伝えします。はじめにで書いたように、趣味起業を趣味副業を含む意味として「趣味起業」と書いています。

このステップを知っていれば、まず**「今何をすべきか」「次に何をすべきか」が明確になり**、それだけでなく、ただ漠然と目の前の気になっていることだけに手をつける、といった**無駄な動きもなくなります**。また、どこがうまくいっているのか、いっていないのか、なども俯瞰して見ることができるようになるので、**改善点も見えます**。

その4つのステップの詳細については各項でお伝えするとして、まずは次の図で全体像をイメージしてください。

ステップ1から4まで、矢印が循環していますね。つまり**ステップを4つクリアすればそれで終わりというわけではなく、1から4までを常に並行して実践**していきましょう、ということです。これは私の受講生にも常にアドバイスしていることで、本書で紹介している77の事例もこれらのステップを基本に動いた結果なのです。

では、図をチェックしたら、次項から早速その詳細を見ていきましょう。

▶ 副業を成功させるための４つのステップ

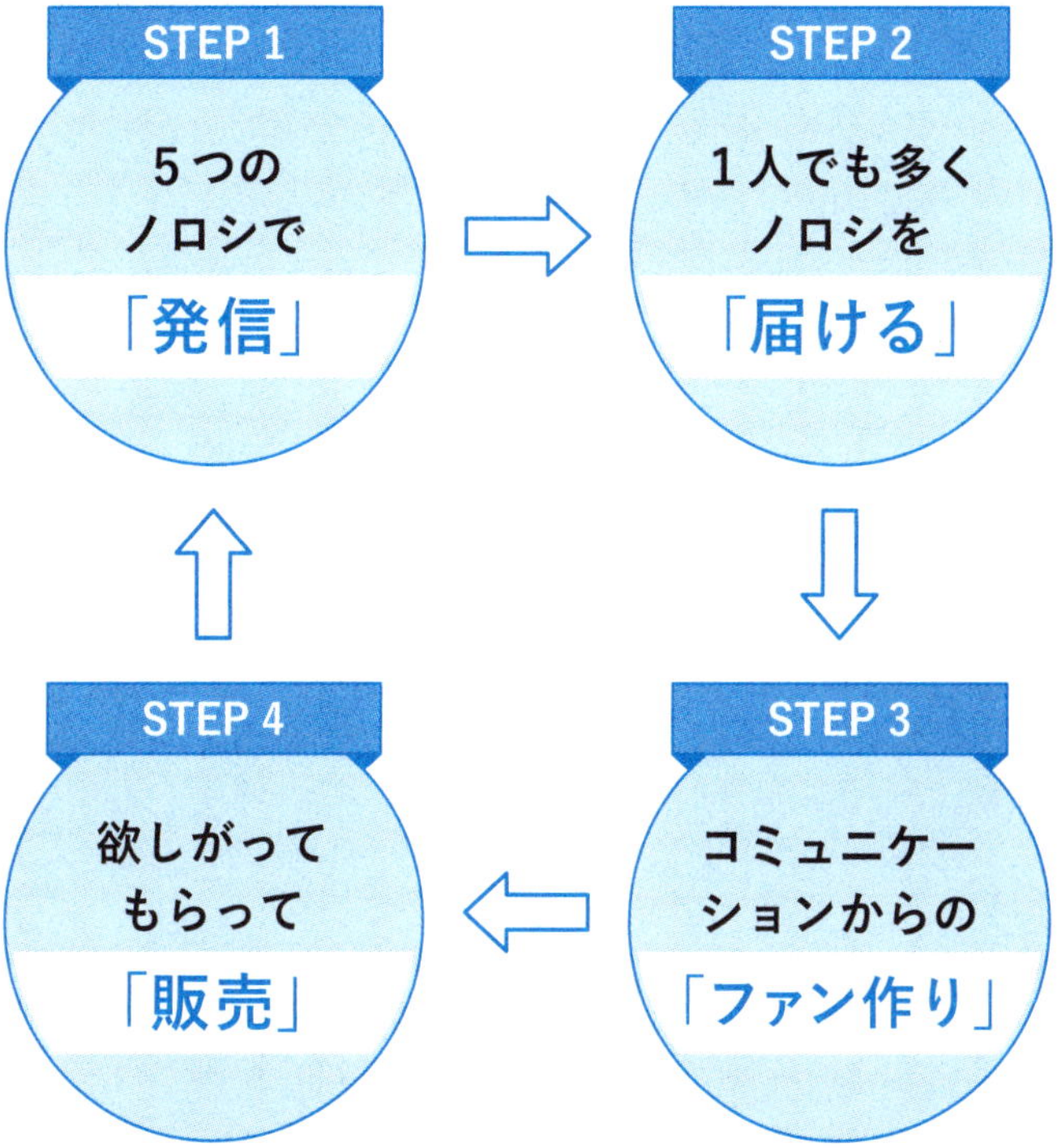

各ステップについては、このあと順に説明していきますが、❶まずはあなたのことを伝える➡❷それを１人でも多くの人に知ってもらう➡❸そこからファンになってくれる人を増やす➡❹そして商品が売れていく。これらを常に並行して実践していくことが基本です。

ステップ 1

「無人島開業にならない5つのノロシの法則」

～楽しい！と収入、両方を手に入れる！

さて、いよいよあなたのネタを収入に変えていくためのステップをお伝えします。ステップは全部で4つです。

その**1つ目が5つのノロシのお話**です。当たり前ですが本当に煙を焚くわけではありません。**いかにあなたの存在を多くの人に知ってもらうか、その行動が最初のステップ**だというわけです。

例えば、美味しいうどん屋ができたとします。でもその存在が知られなければ、お客様は来てくれません。つまり無人島で開業しているようなものです。そうならないために、オーナーさんは広告を出したりチラシを撒いたり、いろいろと人に知ってもらう工夫をします。

同じようにあなたの趣味副業（趣味起業）が**少しでも早く軌道に乗るように、ひとりでも多くの人にあなたの存在を知ってもらうための行動をする必要がある**のです。それが5つのノロシです。

5つのノロシを知っておこう

ここでいうノロシとは、Ｗｅｂ上の情報発信ツールのことで、主に次の5つがあります。

- 文章のノロシ
- 画像のノロシ
- 音声のノロシ
- 動画のノロシ
- ライブ配信のノロシ

どのノロシを使ってもOKですが、目的はあなたの存在を知ってもらうことだということを忘れずに取り組みましょう。そしてもうひとつ忘れてはいけない大切なことがあります。何度もお伝えしていますが、趣味起業で収入を得る基本は「楽しむこと」です。辛いとか、興味が薄い、というやり方では継続できません。人は楽しいから続けられるのです。

例えば、あなたが文章を書くのが苦手だとします。そんなあなたに向かって「ブログを毎日書き続けてください」というアドバイスをされたらどうでしょう。続けることが困難になるはずです。それならあまり文章を書かなくて済むX（旧Twitter）を使うとか、TikTokで動画を配信するなど、別の手段で楽しく続けられる方法を見つけたほうがいいですよね。同じように、動画が苦手ならYouTubeやライブ配信はやめたほうがいいですし、逆に得意ならどんどん取り組んだほうがいいでしょう。

まずは**あなたが楽しめる方法を見つけて取り組むということを覚えておいてください**。

文章のノロシ

1つ目は**文章**です。文章であなたのことを伝えるのは、情報発信の基本中の基本です。ブログやホームページを始め、メールマガジンやLINEの配信など、あらゆるWebメディアで必要となるのが文章です。プロフィールも、講座や教室の案内も、先日出かけたランチの話も、伝えるには文章が必要です。

その**文章で情報発信するのに一番適したメディアがブログです**。伝えたいことを伝えたい文章量で、ときには写真や動画を挟み込み、自由にリンクも張って発信できます。また文字の色やサイズも自由に変更できます。そういう意味では、伝え方に柔軟性があって、とてもビジネスに向いているメディアと言えるでしょう。

〈文章（ブログ）で伝えるメリット〉

- 文字の色やサイズを変えることができるなど、柔軟性がある
- 写真や動画を貼ることも可能
- タイムラインで流れてしまわない
- 電車移動中など音を出せないシーンでも文章なら読める
- 読むスピードを早めれば、早く情報収集ができる

〈文章（ブログ）で伝えるデメリット〉

- 少し入り組んだ難しい話などは、動画で発信したほうが早く伝わることもある
- わざわざブログにアクセスしないと読めない
- 文章が長いと読む気が失せることもある
- 文字が小さいと読みにくい

画像のノロシ

クリエイティブなネタで収入を作りたい人に向いているのが**画像**を使った情報発信です。例えば、ハンドメイド作家の作品の写真、イラストレーターが描いた作品、教室の楽しそうな様子を伝える写真などです。そしてクリエイターさん以外でも、サロンで施術する際に使うきれいな部屋の写真、整体やダイエットで成果が出た方の嬉しそうな写真などは、文章よりも確実にわかりやすく伝わるでしょう。そうです。**文章では伝えきれない部分も画像なら伝わることが多いのです**。

実際に、あなたもディナーのお店を予約する際、お店の比較サイトで必ず写真を見るのではないでしょうか。もちろん、立地や他のお客様のレビューなども参考にすると思いますが、写真を見ないで決める人はあまりいないでしょう。つまり、ここでは**写真がメインで文章がその補足の役割**をしているのです。

そして**これに適したメディアがInstagramやX（旧Twitter）です**。タイムライン上にいろいろな人の投稿がどんどん流れてきます。あなたも常に、下から上へ、投稿をスワイプし続けているのではないでしょうか。

あなたが発信側になったとき、大切なのはそのスワイプの手をいかにあなたの投稿のところで止めてもらうかということです。そして気になって文章まで読んでいただけるかということです。そう考えるとどんな画像を投稿すればいいのか、ハードルが上がりそうですが、**文章以上に瞬時に見ている人の気持ちを捉えることができるのも画像のメリット**なのです。

〈画像で伝えるメリット〉

- 文章では伝わりづらい細かな部分が伝わりやすい
- 瞬時に人の気持ちを捉えることができる
- SNSでは、タイムライン上にどんどん表示されるので目撃されやすい

〈画像で伝えるデメリット〉

- 文章での補足がないと、本当に伝えたい部分が伝わるかどうか不明
- SNSのタイムラインでは、どんどんスワイプされて流されていく可能性が高い
- 写真の腕を磨かないと、逆に残念な印象を与えてしまう

音声のノロシ

コロナ禍で一気に普及したclubhouseという音声SNSの他、stand.fmやSpotify、X（旧Twitter）でのスペースや、LINEオープンチャットでのライブトークなど、声で伝えるメディアは多種多様に存在します。それほど「声」で伝えることの可能性や面白さが広く認知されているということでしょう。

また文章や写真より、声だからこそ伝わることも意外にたくさんあります。声には感情が乗りますし、話の間合いや声のトーンで空気感まで伝わります。だからでしょうか、その場で物が売れたり集客できたりしてしまうケースも続出しています。

しかも寝グセがついた頭で話していようが、ノーメイクで話していようが、何なら布団の中から発信していようが、声だけではわかりませんから、配信のハードルもかなり低いと言えるでしょう。

音声ライブ配信なら、聞く側（リスナー側）で参加している方々がチャット機能で会話に参加できる、というのも面白さのひとつです。リアルタイムに配信者と交流できるため、そこに一体感が生まれ、それが配信者のファンを増やし、ビジネスに直結していくのです。

〈音声配信で伝えるメリット〉

- 身なりを整えなくていい
- 人柄まで伝わる
- 感情も伝えやすい
- 会って話しているかのような感覚
- 信頼感から人脈も広がりやすい

〈音声配信で伝えるデメリット〉

- 声質で好き嫌いが分かれることもある
- 滑舌によっては話が伝わりにくい
- 説明下手、話し下手だと逆効果になることも
- 音声を楽しめない環境（会議中など）では聞けない
- 声を出せない状況では配信できない

動画のノロシ

今や誰もが視聴していると言っても過言ではないYouTubeを始め、ニコニコ動画やVimeoなど、**動画配信**のプラットフォームが数多くあります。そこにTikTokが加わったことで、ショート動画という新しいジャンルも開拓されました。

これほどまでに動画が普及するようになったのは、もちろんインターネット環境が整備されたことも影響していますが、それ以上に動画コンテンツの可能性を誰もが感じているからでしょう。

動画だと、声だけでは伝わらなかった表情や仕草まで伝わります。ですので、声以上に会ったことがある感覚になってしまうことも確かです。また商品やサービスなどの詳細も動画ならよりわかりやすく伝えることができます。

またハンドメイド作家や料理をする人ならその作り方を伝える、音楽をする人はその演奏の様子を伝える、講演会なら会場の雰囲気まで伝えるなど、とにかく**文章や画像だけでは伝わりにくいところで動画を使えば、あなたの活動をより詳細に理解してもらうことができる**でしょう。

もしあなたが自分で動画に映りたくない、顔を出したくない、という場合は、「何かを作っている様子だけ撮影して自分は声だけ出す」という方法もあります。散歩しながら景色を撮って、あなたは音声だけ参加というのも趣があっていいかもしれません。先ほどの音声配信と違って、視覚に訴える要素も加わるので、そこをうまく活かして副収入の可能性を広げたいですね。

〈動画配信で伝えるメリット〉

- 写真や言葉で伝わりにくいことも伝えられる
- 表情や仕草まで伝わり、信頼度が上がる
- 会ったことがあるような気になってもらえる

〈動画配信で伝えるデメリット〉

- 配信までに撮影、編集などの手間がかかる
- じっくり見てもらうには再生のための時間が必要
- 視聴できる環境でないと見てもらえない
- 文章のようにつまみ読みができないので、時間がないときは視聴を後回しにされる

ライブ配信のノロシ

いよいよ5つ目のノロシ、**ライブ配信**のお話です。ここ数年でライブ配信も市民権を得て、もはやほとんどの方が知っているでしょうし、配信したことがある人も多いのではないでしょうか。

念のため簡単に説明しますと、ライブ配信は前述の動画投稿と違って、**生放送のように動画を届ける**ことが特徴です。そして**ライブ配信中には、視聴者がリアルタイムでコメント参加できる**ことも面白さのひとつでしょう。

ただ動画を見るだけでなく、配信している人への質問や感想をコメントで届けて、交流を楽しむことができます。つまり配信者と視聴者が他のどのWebメディアよりも仲良くなれる可能性が高いのです。これはのちほどお伝えする「ファン作り」にも大きく関係することで、収入につながるかどうかにも影響します。

動画編集が苦手、面倒、という人はライブ配信をしたほうが手っ取り早いでしょう。なかには視聴者が配信者に対して投げ銭ができるプラットフォームもあって、ライブ配信するだけで収入が発生することもあります。

〈ライブ配信で伝えるメリット〉

- 動画配信のように編集をしなくていい
- 動画配信よりさらにリアルにダイレクトに感情や人間性が伝わる
- リアルタイムで視聴者と交流ができる

〈ライブ配信で伝えるデメリット〉

- 余計なことを言ってしまっても、取り消せない
- 表情や服装、部屋の様子など、見た目を意識して配信をする必要もある

ステップ 2

「上げたノロシに人を集める磁力の法則」
～ニッチでも知名度を上げれば売れる！～

ここまで、さまざまな発信の手段、つまりノロシの種類をお伝えしてきました。そしてその発信と同じくらい大切なのが、どれだけ多くの人に伝えるのか、さらにどんな内容で伝えるのか、です。これが2つ目のステップです。情報発信をあなたの収入につなげるために、より多くの人にその発信を届ける方法について見ていきましょう。

ノロシは上げるだけじゃ伝わらない

最初にお伝えした通り、ＳＮＳで情報発信をする目的は、**あなたの存在を知ってもらう**こと。そして**あなたが何を好きで、何に取り組もうとしているのかを1人でも多くの人に知ってもらう**ことです。そのために大切なことが2つあります。

まずひとつが、**その発信（投稿）内容**です。**どんな発信をするか、その内容によって、あなたへの理解度や共感度が変わります**。そして言うまでもなく、たくさん理解してもらってたくさん共感してもらったほうが、のちの収入につながっていくのです。

例えば、あなたがイラストレーターとして収入を生み出したいとします。当然、イラストを描く人であることも伝えなければなりませんが、ただそれだけではいけません。少なくとも次に挙げる要素も発信内容として取り入れる必要があります。

- 作品そのもの
- 作品の制作過程
- 作品を生み出すまでのアイデア出しの作業
- 作品への思い
- 良い作品を生み出すために、日常で心がけていることなど
- お客様の感想（あれば）
- イラストレーターになろうとしたきっかけ
- プライベート的投稿

などです。

これらの要素を発信することで、あなたの人柄や仕事ぶりが伝わり、理解や共感が増えます。でもあまり難しく考えるとハードルが上がって発信できなくなってしまうので、まずは無理なくできる範囲からスタートしてください。**「ぷさいくスタート」**です。

慣れてきたら、これらの要素を思い出しながら投稿するように心がけてみましょう。心配しなくても、初期の投稿は悲しいほど誰にも見られません。自由に投稿できるのも最初のうちの特権だと思って、どんどん練習投稿しましょう。


もうひとつは、**いかに多くの人にその情報を届けられるか**、です。

多くの人に届いてこそ、先ほどの「伝える内容」も意味を持つのです。そのために必要なのがフォロワーの数。とは言え、そのフォロワーが増えなくて困っている、増やすのが面倒、そう思っている人も多いのではないでしょうか。

こちらから「フォロー」や「いいね！」をして、フォローバックをもらう、というのが王道のやり方と言われていますが、実際やってみても「同業者しかフォローしてくれない」「全然フォローバックをもらえない」「そもそも誰をフォローすればいいのかわからない」なんてことになっている人も大勢います。

ですので、**より効率的に質の良いフォロワーを増やす2つの方法を、このあと一緒に見ていきましょう。**

ノロシをミックスする

その方法のひとつが、**コラボレーション**です。

あなたのアカウントと同業もしくは類似業種のアカウントとコラボ企画を実施します。そうすることでお互いのフォロワーにコラボ相手の存在を知ってもらうことができ、お互いのフォロワー増加が見込めます。

コラボ企画は何でも構いません。

例えば、一緒にライブ配信をする、一緒にオンライン作品展をする、一緒にオンラインセミナーをする。もちろんオンラインでなくリアルの場で「お茶会」「講演会」「展示会」などを実施してもいいのですが、**オフラインの場ではなかなかSNSフォローにつながらない**ケースもあります。できればオンライン開催をしてその場でリンクを辿ってフォローしてもらえる仕組みを活かすのがいいでしょう。

もちろんコラボレーションは一対一じゃなくても構いません。複数名でやればパワーが何倍にもなって大いに盛り上がりますし、フォロワーも増えやすくなるでしょう。

ノロシの吹き溜《だ》まりを作る

もうひとつの、効率的なフォロワーの増やし方が**ＳＮＳ上のコミュニティを活用する方法**です。

例えば、あなたが占い師として活動しているとします。FacebookグループなどＳＮＳ上で「開運」などをテーマにしているコミュニティを探してみましょう。そういうコミュニティの中で「金運を上げるための習慣についてブログに投稿したので、良かったら参考にしてみてくださいね」と書き込むとどうなるでしょう。その書き込みが気になった人はあなたのブログを見に行ってくれて、フォローしてくれる可能性があります。

もちろんそのコミュニティのルールやマナーには従わないといけないので、自分のＳＮＳアカウントのリンクを張ってもいいかどうか、あらかじめ確認しておきましょう。

同じように、clubhouseやＸ（旧Twitter）のスペースといった音声配信サービスでは、開かれているトークルームそのものがひとつのコミュニティになっています。そこであなたがスピーカーとして登壇すると、あなたのことが気になった人はあなたのプロフィールをチェックして他のSNSアカウントもフォローという行動を起こしてくれます。

こんなふうに、**オンライン上であなたの趣味副業（趣味起業）の属性に合った人たちが集まっている場所を見つけて、そこで発言、発信をする**のです。

実際に、夫婦問題解決カウンセラーが、某SNSにあった「夫婦の悩みを吐き出すグループ」的なコミュニティに参加して、ひたすらそこでアドバイスを書き込んでいるうちに、フォロワーが増えて仕事につながったという事例があります（事例23参照、213P参照）。

でも、そんなに都合良く自分がやりたい趣味起業のカテゴリに合ったコミュニティなんて見つからない、という人もいるでしょう。そんなときは自らコミュニティを作ってしまうのです。自分で作ったコミュニティであれば、誰に遠慮することもなく書き込みや発言ができます。

実際に、「城跡《しろあと》が好き！」というテーマで趣味起業をして、副収入を得続けている人がいます（事例16参照、170P参照）。当初、テーマに合ったコミュニティが見つからず、ご本人と私の2人だけでコミュニティを立ち上げたのですが、今では1万3000人を超す巨大コミュニティに成長しました。ご本人はそのコミュニティの中で、好きなタイミングで好きな企画を提供して、楽しく副収入を得ています。

これこそが、**ノロシの吹き溜まりを作る**ということです。あなたの情報発信をしっかり届けることができるコミュニティに入る、理想はそのコミュニティを自分で持つことなのです。そしてこんなふうに楽しく取り組めること自体が、趣味起業の醍醐味でもあるのです。

ステップ3

「惚れたもの負けの法則」
～ファン作りが結果を左右する～

3つ目のステップは「**ファン作り**」です。ここではあなたの投稿を見てくれる大勢の人の中から、**あなたのことを「好き」と言ってくれる人を増やす方法**についてお伝えします。

あなたのファンが増えるほどあなたの収入が増えることは間違いのない事実です。とは言え、何もスーパースターのように輝いて、追っかけをしてくれるファンを生み出す必要はありません。等身大のあなたを気に入ってくれる人を増やすことが大切なのです。

あなたが好きになるお店にはワケがある

あなたには、お気に入りのお店はありますか？　飲食するならあそこ、服を買うならあのお店、そんなお気に入りがいくつかあるのではないでしょうか。そしてそのお気に入りの理由は「美味しいから」「品揃えが良いから」「清潔感があるから」などさまざまでしょう。

▶ お店の人の態度で「次に行きたくなるお店」は決まる

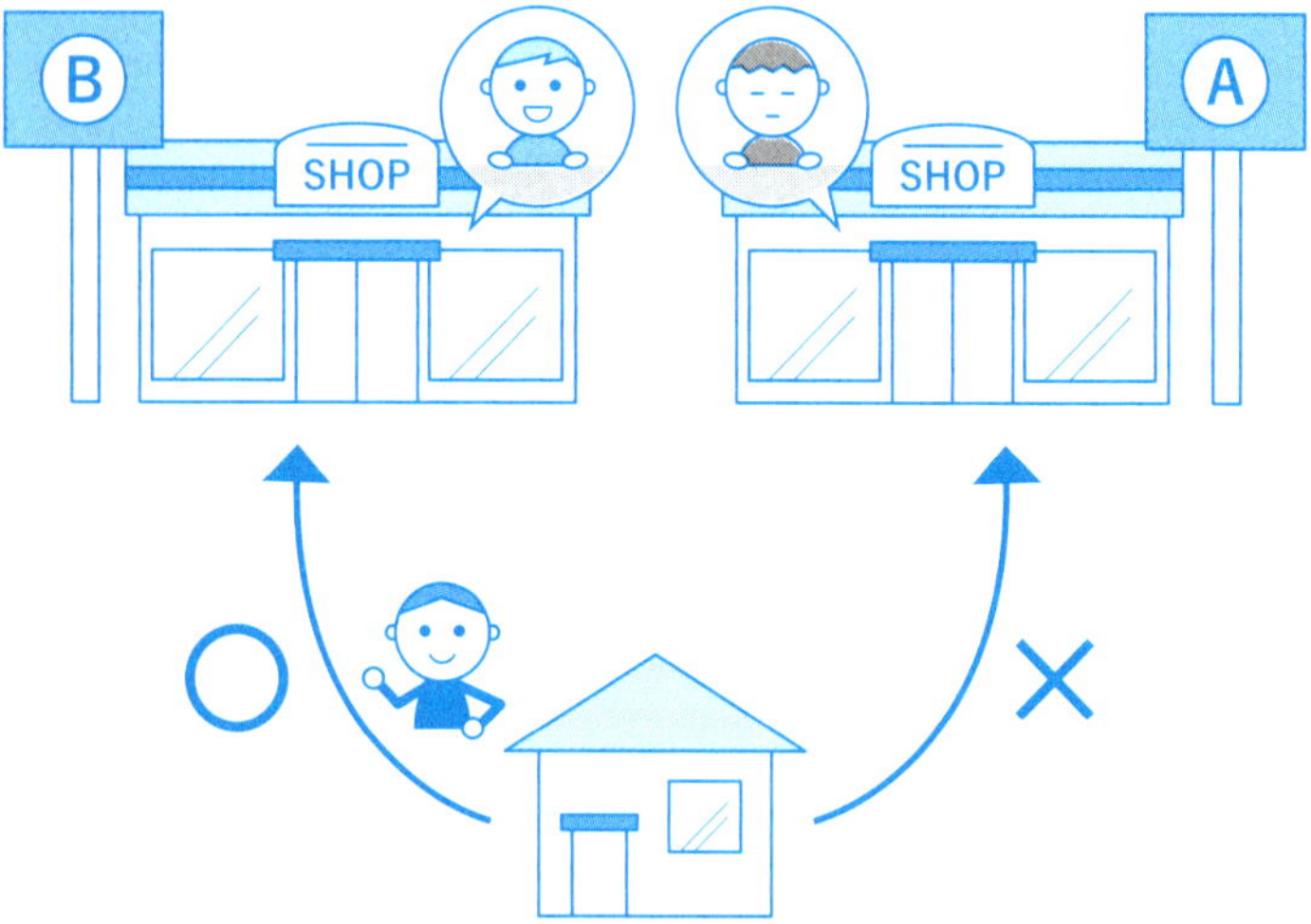

でも絶対に外せない理由があるはずです。それは「**お店の人の態度**」です。

いくら美味しいお店でも、品揃えが良いお店でも、お店の人の態度が悪ければ「二度と行かない」と感じるのではないでしょうか。

逆に味や品揃えが普通でも、**お店の人がとても感じ良くて親切なら、また行こうかな、となりますよね**。つまり、お店の好き嫌いの判断において、「人」という要素は非常に重要なものになっているのです。

例えばあなたの家から同じ距離に、同じチェーンのコンビニAとB、2つの店があるとします。当然品揃えも同じです。ただひとつ違うのは、スタッフの態度。Aの店員はいつも無言、Bの店員はいつも気持ちの良い挨拶をしてくれる、それだけの差であなたはきっとB店に行きたいと思うようになりますよね。とても単純なことですが、これもファン作りのひとつなのです。

個性がなくてもファン作り術

では、実際にあなたが情報発信していく中で、どうすれば具体的にファンを増やすことができるでしょうか。多くの人はすぐ「差別化が必要」だと考え、何か他の人と違ったところを見せなければと考えます。

先程、「人」という要素が重要だとお伝えしました。すると何か「目立つ人」「個性的な人」を目指さなければならないと思ってしまうのです。もちろん、個性が際立っている人は目立ちやすいですし、覚えてもらいやすく、ファンも増えやすいでしょう。でも、そうじゃない人のほうが圧倒的に多いのです。**そうじゃない人が無理に個性的に見せようとすると苦しくなって続かなくなります**。

例えば、あなたが今取り組みたい趣味副業（趣味起業）を**ぶさいくスタート**したとします。

少しでもすごそうに見てもらいたいと思って、ちょっとレベルの高そうな投稿を頑張ったとします。そうするとそのレベルの投稿を見た人が集まってくるので、あなたはずっとレベルを少しだけ上げ続ける必要があります。当然、やればやるほど苦しくなり、背伸びし続けていたあなたの足はやがてプルプルと震え出します。そしていつしか膝から崩れ落ちるということになるのです。

同じように、「ちょっと面白い人を演じてみよう」「ちょっと不思議ちゃんでいよう」など、自分のキャラクターと違う自分を演出するとあとで大変なことになります。だからこそ、**素の自分をありのまま出すことが大切なのです。素のあなたと波長が合うという人に集まってもらえばいいのです**。そしてそれを実現するための投稿が「**プライベート要素**」です。

例えば、「〇〇でランチを食べました」「子供の運動会に行ってきました」「〇〇へ旅行してきました」「〇〇で転びました」といった本当に日常的なことを投稿するのです。

そうすることで、「私も〇〇でランチしたことがある！」「子供が同い年だ！」「〇〇旅行、私も行きたい！」「私もよく転びます！」といった些細なところで親近感を持ってくれる人が出てきます。そして投稿にコメントを入れてくれるようになるのです。

これが差別化をしなくてもできるファン作りの第一歩。コメントがつくということは、置き換えると「コミュニケーションが発生している」ということです。

先程お伝えした、コンビニ店の例でも、店員とのコミュニケーションがお店を選ぶ要素になるとお伝えしました。こんなふうに、**コミュニケーションがあるかないか、それだけでファンになるかどうかも変わってくる**のです。だからこそ、プライベート的な投稿をして、コメントをたくさんもらって、距離感を縮めて、ファンを増やしていくことが大切なのです。

尖ってなくてもできる、絶対マネされない差別化！

さて、今度は本当の差別化についてお伝えしましょう。

わかりやすい差別化は、商品のコンセプトが尖っていたり、唯一無二の商品を扱っている、というものです。これがあれば差別化もファン作りも簡単です。

例えば、ハンドメイドアクセサリーの作家が「宇宙人のモチーフしか作りません」と言うと、これはわかりやすい差別化ですし、すぐ覚えてもらえるでしょう。でも、その様子を見てマネをする人が出てくる可能性があります。そうです、**商品やサービスでの差別化は、最初尖っていても、やがてマネされて埋もれていく可能性もあるのです。**

宅配便の時間指定など、最初は新鮮だったサービスも、今では当たり前にほとんどの業者が実施していますし、いっとき流行った「コンビニで700円以上買うとクジを引ける」というサービスもすぐマネされて広まりました。つまり、商品やサービスでの差別化はよほど個性的で「この人でないとできない」というものでない限り、やがて差別化ではなくなってしまう可能性が高いのです。

では、絶対マネされない差別化とは何なのか。それがこのステップ3でずっとお伝えしている「人」です。**あなたという「人」そのものはマネできませんし、マネをしても意味がありませんよね。あなたがあなたであることが一番の差別化だというわけです。**

実際、似たような家電商品を出してくるメーカーはたくさんありますが、松下幸之助氏のマネをするメーカーはありませんし、する必要もありませんよね。タブレットを作るメーカーもスティーブ・ジョブズのマネをすることはありません。

でも彼らの根強いファンはいますし、ファンだからそこの商品を使い続けるという人もいます。こんなふうに「人」こそ最高の差別化なのです。

そしてくどいようですが、**あなたが何かすごい人になる必要はなく、素のままのあなたを**

伝えて、ファンを増やせばいいのです。そのためにも、先ほどお伝えしたプライベート投稿を実践して、コミュニケーションを発生させましょう。

ちなみに仕事内容の投稿でも、「アンケートをとる」「質問をする」などでコメントをもらう工夫をすれば、コミュニケーションを発生させることが可能になりますよ。

ステップ 4

「売りたいものを売るスライムの法則」
〜感謝もお金も受け取れる、幸せな売り方！〜

最後のステップはいよいよ「**販売**」です。

ここまで、「情報発信」「フォロワー増やし」「ファン作り」とお伝えしてきました。ここまでの流れができていると、商品やサービスが売れやすくなります。もちろん、最初から商品を用意しておいても構いません。でも、「たまたま欲しがっている人が商品を見つけてくれる」という奇跡的な出会いがないと、なかなか売れるものではありません。ここまでの３つのステップをしっかり実践して、より売れやすい状況にしましょう。

ニーズは探さず作り出す

一般的にマーケティングの世界では「売れるものを売りましょう」、つまりあらかじめ存在するニーズを探ってそれに応える商品を売りましょう、ということがよく言われます。もちろん、それはそれで、できるだけ早くビジネスを軌道に乗せるための正しい考え方なのですが、**問題が3つあります。**

❶「ニーズに応えようとするあまり、本来やりたかったことと違うビジネスを展開してしまう」

……例えば「恋愛専門のカウンセラー」として活動したいのに、周りに「仕事での人間関係」で悩む人が多いと、「そっちのニーズが多いのかも」と思い、「仕事の人間関係専門カウンセラー」として活動してしまう。

❷「ニーズに応えるビジネスにはライバルも多い」

……ニーズがあるということは売れやすいということ。ライバルも多くなるため、埋もれないように選ばれる存在になる必要がある。

❸「価格競争が起こりやすい」……ライバルが多いため価格競争が発生する。

ニーズに応えることは、売れやすいことでもあり、ビジネス成功の近道のようでもあるのですが、こんなふうに問題点も併せ持っているのです。

これに対して、**ニーズを生み出す**とはどういうことなのでしょう。

まずあなたが売りたい商品、提供したいサービスを考え、次にそれを買ってくれる人を探す、あるいは買ってくれる人を増やす、という流れでビジネスを展開します。これだとあなたがやりたいことからブレる心配がありません。

ただ、売れるようになるまでに時間がかかる可能性があります。そもそも誰も欲しがっていないものを売ろうとしている可能性もあるわけですから。「でも、そんな誰も欲しがっていないかもしれないものにニーズを生み出して、売ることができるの？」と疑問に思う人もいるでしょう。ちょっとわかりやすい例を出してみます。

あなたは子供の頃、「スライム」というおもちゃで遊んだことがありませんか？ 今でこそ多くの人が「スライム＝緑色のどろどろしたおもちゃ」と認識していますが、初めてあのおもちゃが登場したときは衝撃でした。あの当時の子供たち（私もですが）は「何だかわからない緑色のどろどろしたもので遊びたいよね」なんて1ミリも思っていませんでした。そんなニーズはなかったのです。けれども、あのおもちゃは大ヒットして市民権を得ました。

趣味副業（趣味起業）の生徒の中にもニーズを生み出している人はたくさんいます。

例えば、「お香を調合して自分の好きな香りのお香を作る」という教室をしている人がいます。参加者の皆さんは好きな香りでリラックスや癒やしの効果を得たり、元気になったり、と調合を楽しんでいるのですが、そもそも「最近ストレスが溜まってきたから、そろそろお香でも調合したいなぁ」なんて発想はなかったはずなのです。

こんなふうに、**ニーズを生み出すほうが、本当にあなたがやりたいことで収入を生み出すことが可能になります。**では、どうやってニーズを生み出せばいいのかを見ていきましょう。

あなたの商品を欲しがってもらうコツ

ニーズを生み出すというのは、あなたの商品を欲しがってもらうことでもあります。そしてあなたの商品を欲しがってもらうためには、その商品の良さをしっかり伝えていく必要があります。

唐突ですが、**ここで質問です。あなたの商品の良さって何でしょう？**商品の良い点はいくつあるでしょう。即答できるでしょうか。即答できる人も、できない人も、ちょっと書き出してみてください。箇条書きでＯＫです。

何個出ましたか？　仮に10個の良いところが見つかれば、10回のＳＮＳ投稿をして商品の良さを伝えてください。そうです、１投稿で１つの良い点を伝えるのです。**人によって琴線に触れる言葉が違うので、欲しいと思うポイントもタイミングも違います。ですから良い点を１つずつ、１つの投稿で伝えていくのです。**

わかりやすくするために少し極端なたとえ話をします。仮にあなたが美味しいりんごを売るとします。そしてそのりんごの良さを書き出したところ、

- 超絶甘い
- ジュースにしても美味しい
- りんごパイにしても美味しい
- ジャムにしても美味しい
- ダイエットにいい
- お風呂に浮かべると美容にいい

などが出てきたとします。これらを１つずつネタとして投稿していくのです。

するとあるときは「りんごパイが好きな人」に響き、あるときは「美容マニアの人」に響くなど、前回までの投稿では反応がなかった人たちが今回や別の回では反応してくれている、ということが起こります。

つまり、1人でも多くの人に反応してもらえるように、**ありとあらゆる角度からあなたの商品の良さを伝え続ける**ことが大切だということです。

「売れないんです」と言っている人ほど、この「伝える」ということができていません。1回伝えて終わりや、毎回同じような角度でしか伝えていないといった状態になっています。本気で商品を欲しがってもらうなら、ひたすらあなたの商品の良さを書き出し、それを1つずつ投稿していってくださいね。

その伝え方にも実はコツがあります。次はそのコツを見てみましょう。

商品の良さを伝えるコツ

お客様があなたの商品を買ったあと、あるいはサービスを受けたあと、**どんな良い未来が手に入るのか、それが映像で思い浮かぶくらい具体的な言葉で伝える**ことが大切です。例えばこんな感じです。

あなたが「めちゃくちゃ吸水力のあるタオル」を売っているとします。この場合、この商品の良さのひとつは「めちゃくちゃ水を吸う」ことなのですが、**これをそのまま伝えてもなかなか響きません。というのも、多くの人は普段から「めちゃくちゃ水を吸って欲しいなぁ」なんて思っていないからです。**

ですので、この水を吸うタオルを持つことで手に入る未来を想像してもらう必要があります。そしてここで注意したいのは、**すぐ近くの未来ではなく、2つも3つも先の未来を想像してもらう**ことです。そのためにも売り手であるあなた自身がまず未来を想像してみましょう。

すぐ近くの未来…………「このタオルはめちゃくちゃ水を吸う」
そのひとつ先の未来……「だからシャワーのあとの髪のタオルドライも効果的」
さらにその先の未来①…「だからドライヤータイムを時短できる」
さらにその先の未来②…「時短できた分だけ、朝にシャワーする人ならあと5分寝ていられる。夜にシャワーをする人なら、寝る前のコーヒータイムを楽しめる」

さらにその先の未来③…「髪が傷みにくくなるので、ヘアセットが決まりやすくなる」

と、このような未来まで想像できれば、その商品の良さも伝えやすくなりますよね。

また、例えばあなたがかわいくて手触りのいいぬいぐるみを売っているとします。ちょっと未来を想像してみてください。


すぐ近くの未来…………「かわいくて手触りがいいので、触っているだけで癒やされます」

そのひとつ先の未来……「お子さんもこれを触って落ち着きます」

さらにその先の未来①…「ぐずっていたお子さんの機嫌が良くなるかもしれませんし、お昼寝してくれるかもしれません」

さらにその先の未来②…「お子さんが静かになった分、溜まっていた洗濯物を一気に片づけられるかも」

さらにその先の未来③…「ママのひとり時間を少し楽しめるかも。コーヒーを飲みながら見たかったドラマを見る？　趣味のハンドメイドを楽しむ？」

といった具合です。

もう一度お聞きします。あなたの商品の良さは何でしょう？　そこから見えてくる2つ先、3つ先の未来はどんなものでしょう。映像として思い浮かぶくらいのイメージを伝えるように工夫してみてくださいね。

手作りのスペイン語教材が売れたのはなぜ？

私は脱サラしたあと、事業に失敗して多額の負債を抱え、返済のためだけにやりたくない仕事を複数掛け持ちしていました。そんな中、自分の復活を掛けて取り組んだのが「手作りスペイン語教材の販売」という、とんでもなくニッチなビジネスです（事例6、132P参照）。

この教材が月40万円程売れてくれたため、私は辛いばかりの仕事を辞めて、再び独立起業することができたのです。

さて、ではなぜそんなニッチな商品が売れたのでしょう。私は確かに学生時代、スペイン語を専攻していました。かと言ってペラペラに喋れるわけでもなく、文法を解説できるようなレベルでもありませんでした。だからこそネイティブにも手伝ってもらったのですが、そんなレベルで作った、しかも手作りの教材が売れたのには2つの理由があると思っています。

ひとつは、週2回配信を続けていたメールマガジンで、読者の方々と信頼関係（ファン作り）ができていたこと。当時はSNSもなく、ステップ1でお伝えした「情報発信」のための手段もメールマガジンくらいしかありませんでした。スペイン語初心者向けのメールマガジンを週2回配信し、そこに音声ファイルを添付して「聞き取りテスト」を開催、その回答をメールでもらっては添削して返信していました。

これが実はステップ3でお伝えした「**コミュニケーションの発生によるファン作り**」につながっていたのです。**それによってできた信頼関係が、教材の販売に好影響を与えた**のは間違いないでしょう。

そしてもうひとつが、「欲しがってもらう伝え方」です。**この手作りのオリジナルスペイン語教材を買ったあとにある未来を伝えた**のです。

すぐ近くにある未来………「書店で売っているようなつまらないテキストではなく、遊び心満載の教材なので楽しく学べます」
そのひとつ先にある未来…「付属のカードを並べて、CD音声をシャッフル再生すればカルタ取りのように遊べます」
さらにその先にある未来…「覚えてすぐ使えるフレーズばかりなので、会話の中にさりげなく入れるとそれだけでカッコよく聞こえます」

といった具合です。

本当はさらにその先の未来として、旅行に行ったシーンや、ネイティブとの会話の楽しさ、さらにはそれを見た家族や友人から尊敬の眼差しで見られる、なんてことも伝えれば良かったのでしょうけど、当時はそこまで気づくことができませんでした。今だから思い付く未来の表現です。とは言え、それでも充分にスペイン語教材は売れてくれました。

もちろんその他にも、教材に遊び心を加えて作るなど私自身が楽しそうだったこと、教材に猫のキャラクターを使ったことなど、さまざまな要素も絡み合っての売れ行きだったのでしょうが、**大きな勝因は「ファン作り」と「未来を伝える」ことだった**のは間違いないでしょう。そして何より忘れられないのは、私自身が楽しみながらこのスペイン語教材を作って販売をしていたことで、お客様も楽しんでくださり、そして「ありがとう」と言いながらお金を払ってくださっていたことです。

それまで借金返済のためだけにやっていた辛い仕事、職業差別を受ける仕事と違って、**ありがとうが飛び交い、感謝が飛び交う、そんな幸せな稼ぎ方が存在するのだと気づけた**ことは、私にとって何より財産です。趣味副業（趣味起業）では常に楽しいほうへ舵を切ってください、と口癖のように言っていますが、その原点となっているのがこのスペイン語教材の販売経験なのです。

少し話が逸《そ》れましたが、あなたもこの4つのステップを実践して、ニーズを生み出し、楽しく趣味副業（趣味起業）の成果を目指してくださいね。

番外編

金額別の稼ぎ方のステップを知ろう

欲しい副収入の額は人によって違います。月に3～5万円あればいいと思う人もいるでしょうし、10万円以上は欲しいと思っている人もいるでしょう。そしていずれは本業にすることを目指している人がいてもおかしくありません。ここでは、稼ぎたい金額別の趣味副業（趣味起業）モデルをお伝えしておきましょう。

月1万円を稼ぐステップ

最終的にいくら稼ぎたいとしても、まずは**月1万円**を目指すところからスタートです。

月1万円を可能にする趣味副業（趣味起業）モデルとしては、低価格のミニセミナー開催、何かを教えるための単発の教室（レッスン）、お茶会やランチ会などの開催、フリマアプリなどを通じての物販（ハンドメイド含む）といったところでしょうか。

いずれも取り組みやすく、少し頑張れば1万円を超えるのもそう難しくはないでしょう。

例えば、あなたが「ちょっと釣りが好き」というのであれば、オンラインで初心者向けに「初めての釣り講座」というのを開催してみるのです。参加費2000円であれば、5人集めると1万円達成です。オンラインじゃなくお茶会を兼ねて実施してもOKです。釣り道具をフリマアプリで出品、販売してもいいでしょう。

少し工夫するとすぐ1万円は超えられそうですね。

月3万円を稼ぐステップ

1万円を超えたら次に目指すのは**月3万円**です。

3万円稼げそうな趣味副業（趣味起業）モデルとしては、マルシェ（手作り市やワークショップ）などのイベント出店、教材販売、ハンドメイド作品の販売や教室、単発の講座やグループカウンセリングなどでしょう。

ちなみに、イベントはその規模によって来場されるお客様の数や質も変わるので、3万円の収入を目指すのであれば、どこの会場に出店するのかを慎重に選ぶ必要があります。

教材販売は「動画」や「音声」をダウンロード式で提供すると手間もコストも抑えられま

す。ひとつ5000円の教材なら6本売れると3万円達成ですね。

月5万円を稼ぐステップ

3万円を超えると次は**月5万円**にチャレンジです。

5万円を稼ぐことができそうな趣味副業（趣味起業）モデルは、会員制コミュニティの運営、コンテンツビジネス、継続レッスンや講座の開催、といったところでしょうか。

会員制のコミュニティは毎月の会費が収入になるのですが、これは会費×メンバー数で毎月の売上予測が立つというメリットがあります。

仮に月会費が1000円の場合だと、5万円を超えるためには50人以上の会員を集める必要があるのですが、月3万円の売上をすでに超えているのであれば、可能な範囲でしょう。

もちろん会員に提供するコンテンツやサービス内容に自信があれば、月会費は2000円でも5000円でも構いません。単価が上がる分、集める人数は少なくても5万円を突破できます。

月10万円を稼ぐステップ

次に超える壁は**月10万円**です。

これを実現できそうな趣味副業（趣味起業）モデルは、有料コミュニティの拡大、イベント開催、講師育成講座の実施、などでしょう。

コミュニティに関しては、月5万円を稼ぐステップで作った会員制コミュニティのメンバーをさらに増やしていくことで達成を目指します。

講師育成講座には2通りありますが、ひとつは何かの講師資格をあなたが取得した上で、次に講師になりたい人を募ってそのための講座を開催する方法です。もうひとつはこのあとの20万円以上稼ぐステップで解説します。

月20万円以上稼ぐステップ

そして最後が**月20万円以上**稼ぐステップです。
20万円より多い収入を達成できそうな趣味副業（趣味起業）モデルには、資格制度の確立、オフ会やお茶会の運営権、高単価のセッションや施術などのサービス展開、などがあります。

先程の講師育成講座に関する、もうひとつの方法は、あなた自身が講師制度を作ってしまうやり方です。ここでいう資格制度の確立がそれに当たります。

実際に、ハンドメイドのジャンルで協会を立ち上げて資格制度を作り、そこで講師育成講座を実施している人もいます。カウンセラーのジャンルで協会を立ち上げて、資格制度を作った人もいます。

もちろんそこにはかなりのエネルギーが必要なのですが、自分で作った協会であれば資格制度も自由に運営できますので、月20万円以上の収入も難しくなくなるでしょう。

また、資格制度でなくとも、継続カウンセリングやヒーリング、整体やサロンの回数券など、高単価商品の提供も月20万円以上の達成を目指せる趣味起業モデルと言えます。

ここに書き出した趣味副業（趣味起業）モデルはごく一部です。あなたが目指したい売上を達成するための参考程度に考えてください。実際にはもっと**さまざまなスタイルで楽しみながら思った通りの金額を稼ぎ、周りの人までその楽しさに巻き込み、常に「ありがとう」と感謝されながらお金を受け取っている人たちが大勢います**。

この本の後半ではそうした人たちの事例紹介とともに、あなたが収入を生み出すためのさらなるヒントをお伝えしていきます。

第3章

あなたの中にあるネタを副収入に変える！

【売れるアイデアを生み出す8つの法則】

いよいよこの章では、あなたの中にあるネタを収入に変える、売れる商品作りのためのアイデアの出し方についてお伝えします。

実際に私が**17年以上、150種類以上の趣味起業と向き合ってきた中で培ったアイデアの出し方**を次の8つの法則にまとめてみました。

8つの法則

法則1「水と油の法則」～反対側に見えるものを追う～

法則2「それ×これ＝アレ？の法則」～意外な組み合わせで新しい価値を生み出す～

法則3「他力本願の法則」～自分の力だけに頼らなくていい～

法則4「ドリップコーヒーの法則」～絞りまくってお客様のハートをつかむ～

法則5「ぼっち最強の法則」～ニッチ過ぎるフィールドをひとり占め～

法則6「欲しいとこだけトリミングの法則」～そこだけ切り取って届けてみる～

法則7「あと出しじゃんけんの法則」～今あるアイデアをアレンジ～

法則8「エア不動産投資の法則」～ノーリスクのエアマンション運営で安定収入～


では、それぞれ事例を交えながら見ていきましょう。

idea

売れるアイデアを5分で出す「非常識マトリクス」の使い方

あなたはどんなときに「アイデア」が浮かびますか？ 考え込むほどアイデアが出る人もいるでしょうし、散歩や入浴など、リラックスしているときにアイデアが浮かぶという人もいるでしょう。

ちなみに私は考え込むタイプです。今ではこの仕事も長いですから、アイデアの引き出しも増え、それほど考え込まなくても良くなりましたが、昔は結構頭を抱えながらアイデアを絞り出していました。

そんなときに役立てていたツールが次のページの図にある「**非常識マトリクス**」です。

単純に9マスが並んでいるだけのものですが、これが最強のアイデア製造マシンになるのです。

▶ 非常識マトリクス

これを使うとき意識して欲しいのが「めちゃくちゃな発想」をすることです。

できるだけ常識に囚われず、あり得ないと思えるようなことでもジョークを楽しむように考えて欲しいのです。

実際にどんなふうにすればいいのか、早速その使い方を見ていきましょう。

まず次ページの例ですが、これは私自身が手作りのオリジナルスペイン語教材のビジネスをしていたときに、アイデアを出したものです。

まず、真ん中のマスにあなたが始めたいビジネスのネタを入れます。ここでは「スペイ

▶ 非常識マトリクスの例

素材	大きさ	色
時間	スペイン語教材	形
年齢	性別	シーン

ン語教材」です。

次に周りの8マスに、任意の言葉を入れます。「素材」「大きさ」「色」「形」「シーン」「性別」「年齢」「時間」「場所」「国」などなど。

そして真ん中に入れたネタと周りのマスにある言葉をひとつずつ掛け合わせていきます。**このときに先程お伝えした「めちゃくちゃな発想」が大切になります。何でもありの常識ルール無視、そんな遊び感覚で考えてください。**

例えば**「スペイン語教材」×「素材」**で考えてみます。普通は紙やCD、DVDや冊子、今ではダウンロード形式の動画というものもあります。そこをあえて楽しんで発想してみるのです。「鉄でできた教材はどうだろう」「板でできた教材はどうだろう」といった具合です。

頭の中で想像してみると面白いですよね。鉄でできた語学教材は重すぎて持ち歩けないでしょうし、家に置いていても邪魔にしかならなさそうです。

でもアルミなら軽そうです（妄想はまだ続きます）。雨に濡れても大丈夫なアルミ製の語学教材？　あるいはアルミをサイコロのような六面体にして、各面にアルファベットを書き込み、10回サイコロをふって出たアルファベットをつないでスペイン語の単語を作る……という遊び感覚ではどうかな？　と、とんでもない妄想をしてみるのです。

そうしているうちに「それ、アルミじゃなくてもいいじゃないか」と気づいたっていいのです。とにかく常識的なルールは無視、遊び感覚でやることが大切です。

続けて、**「スペイン語教材」×「大きさ」**で考えてみます。「畳の大きさの教材はどう？　勉強中に眠くなったら寝ちゃえる！」「あ、どうせなら布団の教材とか？」と、とんでもない妄想が広がります。「逆に米粒くらいに小さい教材は？」「すぐ失くしそう」「失くさないように紐を通す？　ビーズみたいに」「ブレスレットにしてスペイン語の勉強？」と、妄想を繰り返していくのです。

他にも**「スペイン語教材」×「時間」**で朝専用、また**「スペイン語教材」×「シーン」**で通勤用や入浴中用なんてアイデアも出ますね。

ちなみに私が実際に販売したスペイン語教材でヒットしたのは、**「スペイン語教材」×「性別」**で女性専用スペイン語教材です。スペイン語の形容詞には「女性形」「男性形」があって、「疲れた」や「怒っている」といった表現も女性と男性で違います。それを多くのテキストでは男性形で書かれていて、女性は女性形に読み替えないといけない、という面倒さがあったのです。

それらをすべてあらかじめ女性形で表記したことと、旅行中に女性が使いたい表現をたくさん盛り込んだことで、女性に喜ばれる教材になりました。

なお、周りの8マスにいれる言葉はどんどん自由に入れ替えてもらって構いません。納得の行くアイデアが出るまで繰り返しマトリクスを使いましょう。慣れてくると頭の中だけでできるようになりますよ。

あなたにしかできないアイデアを出す「非常識掛け算マトリクス」の使い方

もうひとつ、違う表を使ってアイデアを出す方法があります。それが次ページの上の「**非常識掛け算マトリクス**」です。掛け算をするための表で、横軸と縦軸にそれぞれ、あなたの中にあるネタを入れます。先程のように任意の言葉ではなく、あなたの中にある副収入のネタです。サンプルでは「横3マス×縦3マス」ですが、あなたのネタの数に合わせてマスの数も増やしてください。

試しにネタを書き入れてみたのが次ページの下の図です。

横軸にも縦軸にも同じ言葉が入っています。横と縦の言葉が交わる部分で掛け算をしてアイデアを見つけていきます。横と縦の掛け算ですので、同じ言葉が重なるマスにはあらかじめ斜めに線を入れてあります。では実際に見ていきましょう。

▶ 非常識掛け算マトリクス

▶ 非常識掛け算マトリクスの例

	いちご	歴史	ハンドメイドアクセサリー
いちご		Ⓑ	
歴史	Ⓐ		
ハンドメイドアクセサリー			

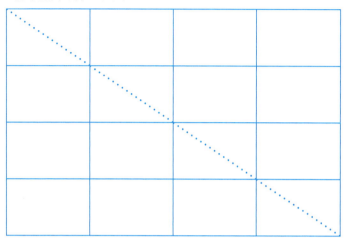

横軸の「いちご」と縦軸の「歴史」が重なるマスAを考えます。横をメインに考えますので、**「いちご×歴史」**です。ここでは「いちごの歴史」というアイデアが浮かびます。

同じように横軸の「歴史」と縦軸の「いちご」が重なるBのマスを考えます。横軸をメインに考えますのでここでは**「歴史×いちご」**から発想します。「日本史あるいは世界史にいちごがどんな影響を与えたのか」や「歴史上のいちご大好き偉人伝」といったアイデアが浮かびます。

まあどちらも何かの研究論文のテーマみたいで、マネタイズ（収益化）には程遠いかもしれませんが、遊び感覚でやることが大切なのでOKとしてください。

ここで大切なのは、横も縦もあなたの中にある「好きなこと」「趣味」「マネタイズのネタ」を入れていますので、あなたの中のネタだけで掛け算が行われているということです。つまり、あなたにしかできないアイデアが生まれる可能性が高いのです。

実際に、**絵本×手相**＝「絵本de手相」という発想から、「あなたは桃太郎タイプですね！」

「あなたはシンデレラタイプですね！」と相手を絵本の主人公になぞらえたタイプ分けをするという楽しい手相診断を生み出した人もいます。（事例3参照、123P参照）

あなたの中のネタ同士で、面白いアイデアが出ないかやってみてくださいね。売れそうにないアイデアしか出なかったとしても、ニーズを生み出すことができれば、売れる可能性もあるのです。楽しみながらチャレンジしましょう！

売れるアイデアの法則 1

「水と油の法則」
～反対側に見えるものを追う！～

世の中には、「そっちじゃないよね」と言いたくなるような、あえていわゆる反対側に向けた商品やサービスを展開してヒットしたものがたくさんあります。

わかりやすいものでは「子供向けビール」「大人さまランチ」。これらは年齢層を逆転させた発想ですね。「タバコの形をしたチョコレート」なんていうものもありました。他にも「男性向け日傘」や、「レディースステテコ」なんていうのは性別を逆転させた発想です。

事例① 手描き友禅でハワイアン柄

京友禅、江戸友禅、加賀友禅など着物の柄を彩る日本の伝統である手描き友禅、その技法でハワイアン柄を描いてヒットさせている人がいます。それが「ハワイアン友禅」です。**和の技法で洋を描く、まさしく反対側を向いて成功**させた事例と言えるでしょう。

仕事内容　ハワイアン手描き友禅作家

日本の伝統染色である、手描き友禅や藍染めの作品を制作。友禅の持つ和柄や着物などの一般的なイメージの枠から飛び出し、テーマを『ハワイ』に特化。そうすることで、現代人の生活の中に溶け込みながらも、なおかつ特別感・高級感のある唯一無二の友禅作品の提供を可能に。作品はすべて手仕事のため、量産はせずに主に自前のWebショップから受注、制作販売をしている。

名前　タカハシヤスコ

開始時期と期間　手描き友禅は趣味として30年、コロナ禍で勤務先が倒産したことで起業

必要なものと関わった人数　ひとり起業でスタート。現在は会員約20名が手伝ってくれている

要したお金（コスト）　最初はお金がなく、何もないところからひとりでスタート

事例② 会議室でサーフィン教室

普通は海で行うサーフィン教室を会議室でやった人がいます。当時ご本人はサラリーマンで、たまの休日にサーフィンを楽しみ、さらにはそれを教室で教えたいと考えていました。ただ、海でのサーフィン教室は、当時あまり普及していなかった上達のための理論を教えるには不向き、ということで発想したのが「**会議室でサーフィン教室**」です。**海と陸、まったく逆の方向を向くことで生まれたアイデア**ですね。

果たしてその教室に受講生さんが集まるのか、懐疑的なスタートではありましたが「**会社帰りに参加できる**」というニーズを掘り起こし、見事に成功しました。

キャッチコピーも「**ウェットスーツでなくビジネススーツ、サーフボードでなくホワイトボード**」という面白いもので、あまりの人気に大阪と東京で開催。今では独立起業されてさまざまなイベントを開催したりマーケティング知識を提供しています。

仕事内容 **コンサルタント**

中級サーファー向けにサーフィン教室を実施。ブログやメールマガジンを中心にサーフィン上達のためのテクニックを公開。当時サラリーマンをしながら副業でサーフィン講座をスタートしたものの、海でのレッスンは天候に左右される上、上達理論を教える場として適さなかった。そこで場所を会議室に移して開催したところ、会社帰りのサラリーマンなど、海に行く機会や時間の取れない人たちがこぞって参加。たちまち人気教室になり、大阪、東京で開催。その後独立起業し、コンサルティング事業をスタート。

名前 河村 操

収入と推移 年商1200万円

開始時期と期間 起業から14年経過

必要なものと関わった人数 ひとり起業でスタート

要したお金(コスト) ほぼゼロ円

こんなふうに、普通はこうだよねと思える販売先・組み合わせ・提供場所など、**あらゆる部分で「反対側」へ目をやると、まだ誰もやっていない商品アイデアが湧いてきます。**

あなたの商品に関する逆の言葉を考えてみる

逆向きの発想をするもとになるのが、逆をイメージする言葉です。**あなたの商品に関する言葉の〝逆〟を連想するワードを書き出してみましょう。**例えば、あなたがハンドメイドのアクセサリーで趣味起業をするとします。この場合考えられる言葉として、

「若者向け」↕「熟年向け」
「パーティ用」↕「日常用」
「カラフル」↕「モノトーン」
「和風」↕「洋風」
「地味」↕「派手」

など、いくらでも出てきますね。

次に、あなたがカウンセラーの仕事をしていると仮定して考えてみましょう。

「グループ」↕「おひとりさま」

「軽い相談」↕「重い相談」

「静かな場所」↕「賑やかな場所」

「元気づける」↕「同調する」

「優しい」↕「厳しい」

「座って」↕「歩いて」


こうした逆向きの言葉から、今まで思いもしなかったアイデアが出てくるのです。

例えば、カウンセラーさんの**「座って」↕「歩いて」**からは、普通なら座ってカウンセリングするところを、歩きながらカウンセリング、さらには植物園や動物園、テーマパークなどを楽しみながら相談に乗る（カウンセリング）、というアイデアが出てきます。意外にもそれが「本音を話せる環境」にもなるかもしれません。

こんなふうに逆向きの言葉を書き出すだけでも、発想が広がっていきます。

反対側にいる人に届けてみる

ここまで、商品のアイデアとして、普通とは逆の発想をしてきましたが、ここでは**販売す**

る相手の逆を考えてみます。例えば、女性向けアクセサリーを男性に売る、という感覚です。そうするとすぐに「プレゼント用」という発想が出てきます。恋人に、奥さまに、娘さんに、を連想させるキャッチコピーと梱包や着用シーンのイメージ写真などを伝える、といった感じですね。つまり**商品そのものは今のままで、売る相手を変える**のです。

実際、プレゼント用とは言え、女性用のものを買うことが苦手という男性は結構います。そうした人たちが買いやすいイメージのＷｅｂショップでの販売やInstagram投稿を行えば、売っているものは女性用でも、男性顧客を獲得することは可能でしょう。

同じように、**大人向けと子供向け、国内向けと国外向け**など、本来あなたの商品を欲しがってくれる顧客層と違う層の人に向けて販売してみるというのは、新しい展開を作り出すものとなる発想です。前述の「大人さまランチ」や「子供向けビール」なんかは、商品そのものも少しアレンジしながら、実際の顧客層とは違う層にアプローチしています。

和風のものが海外の方にもウケるというのは誰もが考えることと思います。実際に筆で書いた文字を海外向けに販売している人もいますし、外国の方の名前に漢字をあてはめて印鑑を作って販売している会社もあります。そう考えると個人でも「消しゴムはんこ」で外国人向けに名前を彫ることもできるでしょうし、筆文字風の刺繍《ししゅう》をあしらった布製品を作ったり、日本語の入ったアクセサリーを作ったりする、というアイデアも出てきますね。

実際、私が主催した「趣味起業ニューヨーク展」や「趣味起業パリ展」でもそうです。日本の作家さんの作品を現地に持ち込んで展示会をするイベントなのですが、どちらの都市でも和風の作品に目をとめる方が多かったのです。

そして「テイクフリー」として提供してくださった作品に日本の文化のひとつである「水引」をあしらったブックマーカーがあったのですが、これが現地の方々に非常に人気でどんどん持ち帰られて、あっという間になくなってしまいました。

逆に考えると、私たち日本人も海外の異文化作品はやっぱり気になりますよね。

思考のクセを取っ払う

ここまで、「反対側」というキーワードでアイデアの出し方をお伝えしましたが、そこで重要になるのが「思考のクセ」です。**人の脳には、普段の生活の中で生まれる「思考のクセ」**

というものが染み付いていきます。長年生きてきた環境の中でどうしても出来上がってしまうものなので仕方がないと言えばそれまでなのですが、この**クセを取っ払うことで発想が自由になっていきます。**

あなたはこれまでに、あなたの中にあった「常識」が覆された瞬間、という経験をしたことはありませんか？　例えば、中学校に入学して友だちと話したときに、「自分とは全然違う考え方をしていて驚いた」とか、よそのお宅でご飯をご馳走になったときに、「自分の家とは全然違う食べ方をしていた」など、これまであなたが常識だと思っていたことがそうじゃなかった！　という体験です。

こういう体験をすればするほど、あなたの思考のクセは取れていきます。**大切なのはそのときに出会った新しい価値観のすべてを「受け入れる」ということです。**頑なに「私の考えはこうだからこれでいい」「私の中の常識ではこうだから、それはあり得ない」などと否定しないことです。**すべての驚きはあなたの思考のクセを取り除くためのチャンス**なのです。

だからこそ、この先も、あなたにとっての異文化に触れ続けてください。行ったことがない店に行ってみる、買ったことがない商品を買ってみる、普段読まないジャンルの本を読んでみる、初めてのセミナーや講演会に参加してみる、飛行機や新幹線に乗るときにいつもより高いクラスを選んでみる、などの体験で、どんどんあなたの思考を柔らかくして、これまで考えたことがなかった発想、これまで思いもしなかったアイデアに、辿りついてくださいね。

売れるアイデアの法則 2

「それ×これ＝アレ？の法則」

～意外な組み合わせで新しい価値を生み出す～

なぜ、それとこれを組み合わせたのですか？という面白い商品を目にすることがあります。今では当たり前に売られているあの「あんぱん」でさえ、よく考えると「なぜパンにあんこを入れようと思ったんだ？」という商品ですよね。さらに「なぜそこにホイップクリームを入れたんだ！」という「ホイップクリームあんぱん」も普通に売られています。

エアロバイクと洗濯機の組み合わせで、自転車を漕ぐと洗濯槽が回転して洗濯できてしまうという商品は衝撃的でした。

この章の冒頭で掛け算マトリクスを紹介しましたが、ここでは実際の事例を見ながら、自分の好きなこと、得意なことを掛け合わせて生まれる商品の面白さを考えてみましょう。きっと「そんな意外な組み合わせをしてもいいんだ！」「そんな風変わりなものでも売れてしまうんだ！」といった気づきを得るとともに、思考のクセを壊してしまえるはずです。

事例3 絵本と手相で、あなたは桃太郎タイプ

ある日、「絵本」が好きで「手相」も好き。どちらも活かしてお仕事にしたい。そんな思いを持った女性が相談に来ました。その女性はすでにいくつかの起業セミナーやコンサルティングの場において、講師から「絵本と手相はまったく別のものなので、一緒にしてビジネスをするのは無理です。それぞれを分けて、別々のものとしてお仕事にしてください」と言われ続けていました。

でもご本人は、「**どうしても両方一緒にやりたい**」と悩んでいました。そんな彼女に「いいじゃないですか、両方あわせて展開してみましょう」とお伝えした結果、生まれたアイデアが「絵本de手相」という面白いものでした。

絵本の登場人物の性格や物語のエピソードなどをもとに、その登場人物の手相をイメージ。そして実際の手相診断の際、その結果を絵本の登場人物の手相になぞらえて「あなたは桃太郎タイプですね」や「シンデレラタイプですね」と、わかりやすく伝えるのです。

これが大人気となり、大手通販会社の通信講座にも採用されました。

仕事内容　**手相心理カウンセラー**

手相を使った心理カウンセリングを、主にオンラインで行う。手相を子育てに活かそうと研究しているうちに周りからも求められて仕事に。

元々絵本が好きで、手相も好き、その両方を活かす方法を探ったところ、絵本のキャラクターを用いた鑑定結果を伝える手法に至る。「お姫様鑑定」と名づけたその手法は人気となり、大手通販会社の通信講座にも採用された。

また、対面の診断だけでなく、手のひらの写真を送ってもらって診断するメール鑑定や、オンライン鑑定へもいち早く乗り出し、今も安定的にお客様を獲得。

名前　國本ヒロミ

開始時期と期間　鑑定歴13年。10年目で法人化

必要なものと関わった人数　ひとり起業

要したお金（コスト）　ゼロ円スタート。その後、Webでのサイト使用料や電話代・電気代などに月5～6万円程度（法人化前の数値）

事例4 九星気学とテディベアで開運ベア

ドイツ発祥ともアメリカ発祥ともされるかわいいクマのぬいぐるみ「テディベア」と、中国古来の占術のひとつである「九星気学」。まさにまったく関係のない2つを組み合わせて生まれたのが**開運テディベア**です。

完全なオーダーメイド制で、一時はオーダーから完成まで4ヶ月待ちという人気に。九星気学から依頼者のラッキーカラーを導き出し、その色を使ったベアを手作りして納品します。

依頼者にはその色を知らされることはなく、手元に届いて初めて色を知るというドキドキ感も人気の秘密です。

仕事内容 **開運テディベア作家・講師**

九星気学の色やその方に必要な天然石のアクセサリーを使った、世界にひとつのテディベアを制作。九星気学とテディベアという異質の組み合わせながらも、「開運テディベア」というわかりやすいネーミングとかわいい見た目、さらには天然石が相まって一気に人気商品に。

一点一点手作りのため、オーダーが殺到したときには3～4ヶ月待ちの状態に。販売方法は、ネット通販のみ。

名前 長野 珠良衣（ながの みらい）

開始時期と期間 テディベア作家歴18年

必要なものと関わった人数 ひとり起業

要したお金（コスト） 個人資金でまかなえる範囲

あまりの人気に一時期は新規オーダーを停止する事態になりましたが、その後再開。九星気学をさらに学んで、そちらの鑑定そのものもサービスとして提供しています。**好きなことと好きなこととの組み合わせは、最強の掛け算となる**事例ですね。

事例⑤ 声と解剖学で美声チューニングレッスン

現役アーティストとして活躍するボイストレーナーが、解剖学の観点からもアプローチしてレッスンを実施。「美声チューニングレッスン」が生まれました。

仕事内容 **美声チューニングコーチ**

ボイストレーニング・起業家向け発声コンサルティングを実施。伝え方はもちろん、声の表情作りの一環として医学的根拠に基づいた発声機能学・発声生理学からのアプローチでトレーニングを提案。そこに解剖学も交え、筋肉と骨の仕組みを理解することで簡単に声の表情も変化させることが可能に。

名前 三浦人美

収入と推移 コロナ禍で家賃が払えない状況に。その後3ヶ月で300万円を売り上げる

開始時期と期間 約10年間は委託契約講師、2019年に本格起業。2020年に法人化

必要なものと関わった人数 ひとり起業でスタート。現在は認定講師5名を抱える

要したお金（コスト） ゼロ円スタート。ブログやZoomなどのサービスも無料からスタート

姿勢や力の込め方などからアプローチする声の出し方はもちろん、**そこに解剖学を加えることで理解度や納得度が増し、結果にもつながっていくレッスンを考案**しました。一般的なボイストレーニングとは違う角度からのアプローチをすることで印象にも残り、信頼度も上

がり、成果にもつながるという事例ですね。

「関係ない」が印象に残る？

かけうどんに、お揚げさんを入れて「きつねうどん」になっても、天ぷらを入れて「天ぷらうどん」になっても、誰も驚きませんよね。それが普通で常識的だからです。もちろんそれが初めて登場したときには驚いた人もいたかもしれませんが、とにかく**普通×普通＝普通**でしかないのです。

ところが、うどんに「ズワイガニ」が1杯まるごと入っていると驚きますよね。普通はそんなことをしないからです。私も以前北海道で、カニラーメンを注文した際、カニがまるごと入っていて大いに驚いた記憶があります。しかも美味しかったため、「またあのラーメンを食べたい」なんて、いまだに忘れることができません。インパクトが強いと忘れられないのです。

こんなふうに**掛け算をするなら意外性のあるもの同士、関係のないもの同士のほうが、印象に残りやすい**のです。まあ、カニとラーメンはまったく関係ないとも言い切れませんが、

「カニまるごと」は人を驚かせるに充分な要素です。

同じように今では当たり前のようになっていますが、「お好み焼き」に「餅」が入ったときは驚きましたし、「ポテトチップ」に「チョコ」がかかったときも驚きました。食べ物の例ばかりですが、「食」のジャンルでは意外性のある組み合わせがよく生まれていますよね。

ここで**ポイントになるのが、「簡単にマネされないかどうか」**という点です。

一般的に存在するものを掛け合わせる場合、それがいくら意外性のあるもの同士だとしても、ヒットすればマネをされる可能性は非常に高くなります。先に挙げた食べ物も、最初にアイデアが浮かんだ人は先行者利益を得られたかもしれませんが、やがてそれがマネされて一般的に普及すると、珍しさも薄れ、そのアイデアのうまみも消えていきます。何なら価格競争に突入してしまうケースもあります。

しかし、**掛け合わせるネタがあなたの好きなことや得意なことであれば、容易にマネることはできなくなります。掛け合わせの要素の中にあなたの経験値やスキルが入り込むからです。**

例えば、九星気学が好きでも、テディベアを作れなければ「開運テディベア」はマネできないわけです。仮にできたとしても、テディベアは作家さんによって表情が違います。仕上がりも違います。そこで好き嫌いが分かれるので、一度ついたファンが離れることはないのです。

つまり、**あなたの好きなことに、あなたが好きなことを掛け合わせる、これが最強の掛け算**というわけです。

「他力本願の法則」
～自分の力だけに頼らなくていい～

せっかくアイデアが浮かんでも、自分のスキルが足りないせいで実現不可能！と感じることがあるかもしれません。「ああ、私に動画編集のスキルがあればなぁ」「ああ、もう少し文章が得意ならなぁ」と、何かしら自分の力不足でそのアイデアをあきらめざるを得なくなるのは本当にもったいないことです。

そんなときは**遠慮なく、そのスキルを持っている人の力を借りましょう。あるいは、あなたと違うスキルを持っている人と組む**ことで、よりレベルの高いサービスや商品を提供できるようにもなります。いわゆるコラボレーションがそうです。あなたひとりですべてをやり遂げようとしなくてもいい、マイナスを埋めるために誰かにお願いをする、プラスを生み出すために誰かとコラボする。そうすることであなたの可能性は無限に広がるのです。

事例6 スペイン語ができないのにオリジナルのスペイン語教材を制作販売

第2章でも触れましたがこれは約20年前の私自身の事例です。当時起業に失敗した私は多額の負債を抱え、その状況を脱するために、いろいろなアイデアで事業を仕掛けようとしていました。けれどどれもうまくいかず、最終的に手掛けたのが「オリジナルのスペイン語教材の販売」でした。

学生時代にスペイン語を専攻していたとは言え、人に文法を解説できるとか、ネイティブ並みに話せるとか、そんなスキルはありません。ですから本当は教材作りなんてもってのほかでした。でも、ちょっと面白い教材のアイデアが浮かんだのです。

仕事内容 **オリジナル、手作りのスペイン語教材販売**

当時一般的に売られていたスペイン語教材は真面目でつまらないものばかり。そこで、楽しい教材を作れないかと思ったことからスタート。CDから短いスペイン語フレーズがランダムに聞こえ、対応するイラストカードをカルタのように取って遊ぶという形式のもの。カードを手に持って単語帳のようにめくって覚えることも可能。ただ、アイデアはあっても実現するスペイン語のスキルが圧倒的に足りず、悩んだ結果、日本に留学していたスペイン人に協力を依頼して完成。

名前　戸田充広

収入と推移　販売初月は40万円の売上。以降バラつきはあるものの月平均50～60万円

開始時期と期間　２００５年から２００９年頃まで

必要なものと関わった人数　ひとり起業、スペイン人１名に協力を依頼

要したお金（コスト）　ゼロ円からスタート。録音用ボイスレコーダーに１万円投資。そのあとは生ＣＤやケースの購入費、用紙代程度

なぜスペイン語ができないのに教材が作れたのか

当たり前ですが、初心者の日常会話レベルしかスペイン語を理解できない自分が、自分で語学教材を作るなんて無理な話です。でも思い付いたアイデアをそのまま眠らせるのはもったいないと思い、何とか実現したいと考えました。

と言うのも当時、スペイン語の教材というと、書店に行っても他の人気言語に押され気味で、種類も冊数も少なく、選択肢があまりない状態でした。一方、英語教材はというと本当にいろいろなアイデアで楽しげな教材がたくさん展開されていて、どれにすればいいのかを迷うほどでした。

ですから「スペイン語でこのような面白い教材を展開すれば、売れるはず！」と思ったのです。大手出版社が取り組むには顧客となるパイが少ない、書店で展開するにもスペイン語にたくさんのスペースを割くのは難しい、**となると、個人がWeb販売で展開するチャンス**です。でも自力では難しい、何とかならないか？　打開策を考えた結果辿りついた結論が、「日本に留学しているスペイン人に協力してもらえばいい」ということでした。

ここで、もし「スキル不足」を理由にあきらめていれば、そのヒットも収入も生まれることなく、趣味起業コンサルタントとして活動している私も存在しなかったことでしょう。

売れるアイデアの法則 4

「ドリップコーヒーの法則」
~絞りまくってお客様のハートをつかむ~

マーケティングの世界では「絞り込め」ということがよく言われます。**販売先（顧客層）を絞り込む、提供サービスの内容を絞り込む**などして、狭いところに刺さるようなアピールをすると売れる、という意味です。

例えば、GoProという小型カメラは、余計なものを省きまくって小さくした上、スポーツシーンやアウトドアで使えるように特化することでヒットしましたね。多くの人が楽しむ自撮りや、講演会の撮影なんかにはまったく不向きなのですが、サーフボードにくっつけて水面スレスレの波の映像を撮るなど、他のカメラでは実現できないことができてしまうことで、**狭いターゲット層をお客様としながらも多くの人の支持を得ました。**

キャベツを千切りしたいときに使う「キャベツ用ピーラー」も、用途を絞り込んだ商品です。元々はキャベツを千切りするためだけに生まれた商品ですが、今ではどんどん進化していて、「一気にたくさん切れる」「2倍速で切れる」「ふわふわに仕上がる」といった性能が追加されています。世の中にはそんなにキャベツを千切りしたい人がいたの？　と思うほどです。

こんなふうに、あなたの趣味副業（趣味起業）のアイデアも、絞り込むことで目立ったり、差別化したりが可能になります。事例とともに見てみましょう。

事例⑦ スタートは女性限定、エアブラシアート教室

それまではほとんどの教室で男性が講師を務めていて、仕上がる作品もバイクや車といった男性的なものが多かったところに、女性講師が女性向けの教室を展開しました。

仕事内容　**エアブラシアート教室運営**

一般の方に向けてエアブラシアートのレッスン、エアブラシアートの販売（オーダー含む）。当時まだまだ知名度の低かったエアブラシアートをいち早く教室として開講。当時はお客様層を絞り込んで、女性限定の教室としてスタート。女性講師が女性向けに教

える教室が他になかったため、多くの女性から支持を受ける。現在は男性も受講可。

名前　たちばなじん

収入と推移　起業当初の20倍

開始時期と期間　14年継続中

必要なものと関わった人数　ひとりでスタート

要したお金（コスト）　開業資金はほとんどなし。当時は自宅教室だったため、インターネットや、ドメイン、レンタルサーバー代程度。現在は専用教室の家賃が4万円程度

今では、エアブラシアートを楽しみたいすべての人を対象にしていますが、スタートのときには「女性限定」と顧客層を絞り込むことで差別化を図っていました。

作品の題材やテーマも、スイーツやペットなど、女性が取り組みやすいものを導入。そうしてファンを増やした結果、「さまざまなタッチのさまざま絵を描けるんだ、描いて良いんだ」という認識が広まり、そのような絵を描きたい男性からも支持を得ています。

事例⑧ 販売記事専門のコンサルティング

コンサルティングの仕事は非常に幅が広く、集客の他、売上アップや会計、人事など、多岐に渡ります。

そんな中、「集客に必要となる文章」をメインにしたコンサルティング、事業者の「商品を売りたいけど価値が伝わらない」という悩みに寄り添ってきた人がいます。

仕事内容 **発信力コンサルタント**

起業家、経営者向けにオンライン集客の方法と、そこで必要になる文章を教える講座、コンサルティングを提供。ライティングが得意だったこともあり、文章のコンサルティングもできるのが強み。集客、セールス、サービス提供まで基本的にオンラインで実施。

名前 小田嶋三詠（おだじま みえ）

開始時期と期間 2016年

必要なものと関わった人数 ひとり起業。必要に応じて業務を外注

要したお金（コスト） 自己資金でまかなえる程度

本来、「集客全般、何でもいけます」というのは強みでもあり、プロらしくもあるのですが、それですと専門性に欠けるためお客様の印象に残りにくくなります。

そこに「集客のための文章」と、**ひとつのカテゴリに特化した強みが加わることで、よりプロっぽく聞こえ、信頼度も上がり、記憶にも残ります**。口コミも起こりやすくなるでしょう。これが絞り込みの効果ですね。

事例⑨ 革ジャンペイント

独特の世界観で絵を描く女性アーティストが提供する、「革ジャンペイント」というサービスがあります。

もちろん紙のキャンバスにも素晴らしい絵を描くのですが、とにかくその世界観が革ジャンという素材と抜群に相性がいいのです。

革ジャンそのものも高額ですし、そのままでもかっこいいデザインになっているはずなのに、あえてその革ジャンにオリジナリティを求める人たちから「この革ジャンに絵を描いて欲しい」とオーダーが入るのです。

バイクに乗る人や革ジャン愛好家など、依頼者はさまざま。独特な世界観の絵を直接手描きしてもらうことで、世界で一点モノの革ジャンになるのが魅力のようです。

仕事内容 画家兼美術モデル

絵画の制作、販売、フルオーダーの革ジャンペイントを提供。独特の世界観を絵で表現するその作風にファンが多く、特に革ジャンに直接絵を描いて欲しいというオーダーが絶えない。絵画作品は海外での展示も。

名前 五月雨 薫

収入と推移 絵画は6万～50万円程度、革ジャンペイントは15～20万円程度

開始時期と期間 高校卒業後、社会に馴染めそうになく、絵の世界へ

必要なものと関わった人数 ひとりでスタート

もちろん、買ったときのままのデザインで革ジャンを着る人のほうが、圧倒的に多いと思うのですが、なかにはバイク好きな人、ロック好きな人などが、彼女に絵を入れてもらうことで、オリジナルデザインの革ジャンに仕上げてもらい楽しんでいます。

誰かひとりに響けば良い

あなたが取り組みたい趣味副業（趣味起業）のネタを、**「たったひとりに響けば良い」という感覚で、極限まで対象やテーマを絞り込んでいくと、思いも寄らない相手（お客様）に、思いも寄らないサービス（商品）をお届けするというアイデアが浮かびます。**

先日、多くの女性の意見を聞く機会があり、身の回りの「絞り込んでいる商品」を挙げてもらいました。すると面白いことに、キッチンにはそのような商品が溢れていることがわかったのです。前述のキャベツ用ピーラーもそうですが、その他にも、「栗の皮むき器」「八朔の皮むき器」「バナナ持ち運びケース」「にんにく潰し器」「ゆで卵切り器」など。

どれもこれも、そのときしか使わないでしょう、という道具で、完全にその用途を振り切っています。でも、あると便利なので皆さんお持ちなのだそうです。

あなたも身の回りに「絞り込んでるなぁ」と思える商品がないか、見渡してみてください。そういう視点で見ると意外にも絞り込まれた商品が多いことに気づくでしょう。そういうアンテナを張りつつ、「じゃあ私のネタならどうなるだろう」と発想することが大切です。

「限定」の響きと「専門」のプロ感

絞り込みは何もアイデアを出すためだけではありません。絞り込むことで別の2つのメリットが生まれます。

ひとつは**そこでしか手に入らないという「限定感」**です。例えば飲食店でも「チーズ専門店」や「アヒージョ専門店」といったお店があると、そこでしか食べられないメニューがありそうです。

同じようにあなたがハンドメイドアクセサリー作家だとした場合、そのモチーフで絞り込んでみるのもひとつの方法です。「爬虫類をモチーフに」、「宇宙人をモチーフに」など。欲しがる人は少ないかもしれませんが、そういうモチーフが好きな人には、あなたのところでしか手に入らない限定的な作品ということになります。

もうひとつの効果が**「プロ感」**です。**専門性を出すことでその道のプロという印象を持ってもらえます**。例えば税理士さんでも「○○業界専門」と銘打っている方がいます。もちろんそれ以外の業界の仕事はできないのかというとそんなことはありません。おおよそどんな業界でも対応可能なのですが、あえて「○○専門」と言うことで、その業界のプロ感を出しているのです。

もちろん本当に特殊な業界で専門的な勉強と経験を重ねた上でプロとして活躍している士業の人もいます。いずれにしても、絞り込むことでプロ感が伝わることは間違いないのです。

同じように、例えばあなたが「恋愛専門のカウンセラー」だとします。ここからの絞り込みアイデアとして、「遠距離専門」「三角関係専門」「ジェンダー専門」などと絞り込むほどにプロ感が出ます。そして**絞り込んだ分、確実に響く人たちがいて、見つけてもらいやすくなり、ライバルとの差別化もできてしまう**のです。

ただし、ひとつ忘れてはいけないことがあります。**絞り込みをする場合、その内容があなたにとって「楽しい」「やりたい」と思えるものであるかどうかです。くれぐれも「儲かりそう」「目立ちそう」、そんな理由で絞り込まない**ようにしてください。間違えた絞り込み方をしてしまうと、あなたにとって楽しくないネタで仕事を続けることになってしまいますから。

あなただけが勝てるエリアを見つける

ネタを絞り込むことで「**あなただけが勝てるエリア**」を見つけることも可能になります。それは、ライバル不在の状態になることを指します。つまり、他の人がやっていないような絞り込みができれば、差別化ができるばかりか、あなたしかそのネタで趣味副業（趣味起業）しようとしている人がいなくなるのです。

例えば、第2章でもお伝えした「城跡《しろあと》が好きな人のケース」。「歴史好き」から「御当地武将好き」、さらに「城跡」と絞り込みました。これはもう絞り込み過ぎといっていいくらい絞れています。今では大変大きなコミュニティを構築し、城跡ツアーや城跡お茶会、さらに地場産業とも提携をされてお仕事を大きくされています（事例16、１７０Ｐ参照）。

普通は「城跡」まで絞り込むと仕事にならないのでは？と考えてしまいます。確かに、絞り込みすぎた結果、その趣味に共感してくれる人が世界中どこを探してもいなかったり、たった5人くらいしかいないとなると、仕事として成立しません。

でも実際には**いくら絞り込んでも世界で5人レベルまで到達するほうが難しく、少なく見**

積もっても数千人〜数万人単位で共感してくれる人がいるのです。そしてこれくらいの人たちがいれば、あなたひとりが副収入を得るためのお客様の数としては充分なのです。

もうひとつ、あなたが勝てるエリアを見つける方法があります。この章のはじめに、**ネタとネタを掛け算するためのシートを紹介しました。このシートを使うと絞り込んだアイデアが浮かびます。**そこがあなただけの勝てるエリアになる可能性が高いのです。

例えば、読書が好きで、アロマセラピーが好き、この2つを掛け合わせると、本のジャンルに合わせてアロマを提供、香りに包まれながら読書を楽しむ、というサービスが生まれます。ミステリーにはこの香り、恋愛小説にはこの香り、と提案しながらより好みの香りを選んでいただき、今までにない読書体験をしていただくことも可能になりますね。

このように、ネタを絞り込むことであなただけのフィールドが出来上がるのです。

売れるアイデアの法則 5

idea

「ぼっち最強の法則」
～ニッチ過ぎるフィールドをひとり占め！～

先程、絞り込むことでライバル不在になれるとお伝えしましたが、**絞り込む前からニッチな世界をいくネタ**もあります。この場合はもはや絞り込むことなく堂々と「ぼっち」の世界でひとり勝ちを目指すことができます。

事例⑩ 好きな香りを作り出す、手作りお香教室

香りの世界に魅せられて、お香の調合を学んだ女性が開催しているのが、「世界にひとつ、自分だけの香りを作り出す〝お香〟手作り講座」です。その香りの世界をひとりでも多くの人に伝えたいという思いからスタートしました。

お香には「リラックス」「気持ちを落ち着かせる」といった効果もあるそうなのですが、そもそも人はそういう気分になったときに、日常的に「ああ、疲れたから、お香でも調合しよ

うかな」とはあまり思いません。つまり需要があるのかないのかわからない、認知度も低いといっていいジャンルです。

そんなジャンルを仕事にして、今では常に教室も大盛況。香り好きな人が「自分でお香を調合できる」と知ってしまうと、その世界にハマってしまうそうなのですが、加えて他にお香の調合を教えてくれる教室が極端に少ないぼっち状態であることも成功の要因でしょう。

仕事内容　**お香の専門家**

40～50代の女性に向けて、手作りお香の教室と手作りお香の販売を提供。原料を混ぜてオリジナルのお香を作る工程を楽しむ。お香が手作りできることは、あまり知られていないにもかかわらず、口コミによって徐々に生徒が増加。リピーターも多く、常に満席状態に。

名前　石濵栞

収入と推移　ＯＬ時代の月収以上。講座募集時には２００万円を超えるが、現在は出版社と共同開催することで、募集時の売上が３０００万円を超えるように

開始時期と期間　９年間の個人事業を経て、２０１８年に法人設立

必要なものと関わった人数　最初はひとりで、現在は３名のスタッフを抱える

要した お金（コスト） 開業資金100万円、ランニングコストは月30～40万円

他にライバルがいないニッチなジャンルの場合、もちろんひとり勝ちを狙えるのですが、**一番の難点はやはりいかに知名度を上げていくか**、でしょう。お香の事例のように、そもそも多くの人が知らない世界である場合は検索さえしてもらえないという難しさもあるのです。この場合の知名度の上げ方については後述しましょう。

事例⑪ 木彫りの通信講座

木彫りが好きで、木彫りで生計を立てたい、そんな思いで会社を辞めて起業した男性がいます。彼が始めたのが、他に例を見ない「木彫りの通信講座」です。いえ、探せば他にもあるのかもしれませんが、至れり尽くせりの木彫り通信講座は恐らく唯一無二でしょう。

実際、「木彫り　通信講座」で検索しても、彼の講座しか出てこないほど。木彫りというと、あの熊が鮭を咥えている荒々しい作品のイメージを思い浮かべる人もいるかもしれませんが、彼の作風はその真逆にあります。どれもやさしく、やわらかく、ぬいぐるみのような

温かさのあるものばかりです。実際、「木彫りのぬいぐるみ」というキャッチコピーで木彫家としての活動をスタートしたほどです。

そんな作風も手伝ってか、受講生の大半は女性で、近くにそんな木彫りを教えてくれる教室が見当たらず、検索しているうちに彼の通信講座を見つけ、受講に至る方が多いそうです。

仕事内容 木彫家

木彫り初心者向けの通信講座の講師、木彫り教室（山口県防府市）の講師、木彫り作品の制作などが事業のメイン。仏師に誘われたことがきっかけでもあるが、子供が生まれて親として恥ずかしくない生き方をしたい、何より自分の可能性を試したいと思ったことで本格的に木彫家の道へ。独特のやわらかい風合いの作品にファンが多く、通信講座は常に新規受付待ちの状態。

名前 土田大二郎

収入と推移 波はあるものの、過去最高月収は90万円

開始時期と期間 起業から10年目

必要なものと関わった人数 ひとり起業

誰にも検索されないネタでも副収入になる

ニッチ過ぎると、確かにひとり勝ちになる確率が高いというメリットはあるのですが、**そもそもその世界が知られていないために検索されたり求められたりすることが極端に少ないというデメリット**もあります。

前述の「手作りお香」の教室なんかはその例のひとつです。

ですので、そのジャンルで成果を出そうと思うといかに多くの人にその存在を知ってもらえるかがカギとなります。飲食店がオープンしたときにチラシを撒いたり広告を打ったりするのと同じですね。ただ、その飲食店があまりにニッチなカテゴリの料理ですと、その良さを伝えるのにも苦労します。つまり、**知ってもらうと同時にその良さも伝えなければならない**わけです。その方法について見てみましょう。

まず、いくらそれが世間で知られていないジャンルだからといって、誰彼構わず手当たり次第に知ってもらおうするのは効率が悪すぎます。ある程度興味を示してくれそうな人に向けて伝えるほうがいいですよね。例えば、メガネ店がオープンするときに駅前でチラシを撒くとするなら、メガネをかけている人に向けて配るほうが効率はいいはずです。

ではエスニック系の飲食店がオープンする場合はどうでしょう。誰がエスニック料理好きかなどは、見た目で判断できません。このように、**お客様になってくれそうな人を探す際、相手が興味を持ってくれそうな人かどうか、明確にわかるジャンルとそうでないジャンルがあります**。「50代女性向けアクセサリー」はわかりやすいですが、「歴史好き」はわかりにくいわけです。

そんなときに役立つのが第2章でも取り上げたSNSです。**SNSはその人の投稿内容を見ることである程度、人物像が浮かび上がってきます**。年齢、性別、家族構成、住んでいるエリア、趣味嗜好など、ただ道で行き交うだけではわからないことがSNSだと見えてくるのです。ということは、どんなニッチなジャンルで趣味副業（趣味起業）に挑戦しようとしていても、そのジャンルに興味を示してくれそうな人を探し出すことが可能ということです。

先程の事例でお伝えした「お香の調合」の教室であれば、テーマは「香り」ですから、「香り」が好きそうな人を見つけるといいのです。とは言え、そう簡単に「こんな香りが好き」なんて投稿をしている人を見つけ出せそうもありません。もちろん、「香り」で検索して探し出してもいいのですが、もうひとつ方法があります。

例えば「アロマ教室」など、香りをテーマに発信している講師や業者のアカウントを見つけ出し、そのアカウントをフォローしている人たちに、こちらからフォローをしていくのです。これだと、「香り」に興味を持っているけど、普段香りのことを投稿していない人も見つけることができます。

このように、あなたが**実践している趣味起業（趣味副業）のジャンル、その類似業者のアカウントをまず探してみましょう。そしてそのフォロワーさんに「フォロー」や「いいね！」をすることで、あなたのアカウントの存在に気づいてもらう**のです。

もうひとつ、別の方法があります。それが**SNS広告**です。Facebook広告やInstagram広告などのことを指しますが、これらの広告をうまく使うと、あなたが取り組んでいるニッチなジャンルに興味を示してくれる人と、効率的に出会うことができます。

SNS広告の特徴として、広告表示対象者（広告を見てくれる人）を、

- **年齢層で絞れる**
- **性別で絞れる**
- **居住エリアで絞れる**
- **趣味嗜好で絞れる**

という点が挙げられます。これはまさに願ったり叶ったりのシステムではないでしょうか。

しかも広告出稿費が1日当たり200円弱からと非常に安く始めて実験できるのもありがたい点です。そしてこの広告は、普段見ているSNSのタイムライン上へ、他の投稿に混ざって表示されます。つまり、**まったく知らないジャンル、まったく興味がなかったジャンルでも、その広告（写真や文言）を見かけた瞬間に「あれ？何これ、面白そう」と、気づいていただける**可能性があるのです。

これなら、検索されなくても、知名度が低くても、対象となる年齢・性別の人たち、そし

てそのジャンルに興味を持ちそうな人たちに気づいてもらうことができますね。

ちなみにGoogleの検索結果に表示される広告は「検索キーワード」をもとに表示されるので、そもそも検索されない、知名度が低い、といったジャンルではあまり活用できない手段となります。

そのニッチな場所に何人いますか?

以前、私のところに相談に来られた方で、「キックボクサーのトランクスを専門にハンドメイドして生計を立てたい」という女性がいました。どの起業塾でも、どのコンサルタントからも、一様に「それは無理だからやめたほうがいい」と言われていたのですが、現在はそれを専門に仕事をされていて、プロ選手やジムからのオーダーはもちろん、テレビドラマやCMでの格闘技シーンでは決まって衣装製作の依頼が入り、月7桁以上をコンスタントに稼いでいます（事例22、196P参照）。

彼女から相談を受けたときに考えたのが「**そのニッチな場所に何人いるか?**」でした。ここでいう「何人」とは、トランクスを手作りする「作り手」のことではなく、「お客様」の人数のことです。つまり、お客様候補が何人いるかということです。

キックボクサー人口は少なく見積もっても国内で数百人、もしかすると数千人いるかもしれません。**これなら一人が生計を立てるためのビジネスをするには充分な人口です。**あとは存在を知ってもらってオーダーをもらえるようにする、つまりマーケティングをしっかりやればいいわけです。

こんなふうに、あなたがたとえニッチ過ぎるジャンルで趣味起業（趣味副業）をしようとしたとしても、**国内あるいは全世界で、お客様になってくれそうな人の数を考えると、おおよそどんなニッチなものでも仕事として成り立つ**だろうと予測できます。いかにニッチで収入を生み出せる可能性が低そうに思えても、「そこに何人いる？」と考えてみてくださいね。

売れるアイデアの法則 6

「欲しいとこだけトリミングの法則」
～そこだけ切り取って届けてみる～

あなたが手掛けている趣味副業（趣味起業）、そのジャンルのすべてをカバーするような商品やサービスを提供する必要はありません。むしろその**一部分だけを切り取って出すことで、ちょっと変わった商品、変わったサービスになり得る**のです。

よく見かける例のひとつとして、マッサージ店のメニューなんかがそうです。「全身コース」がメイン商品としてあるのに対して「肩リフレ」や「ハンドリフレ」といったパーツだけに特化したサービスも存在していますよね。それこそ、一部分だけを切り取って提供することで、サービスに変化をつけているのです。

これをもっと深掘りするなら、例えば「腸活に、おへそ周りコース」とか、「ハミ肉解消・脇腹コース」なんかがあると、より目立ってユニークな商品になるかもしれません（賛否はあると思いますが）。**あなたの趣味副業（趣味起業）にも何か部分的に切り取って提供できそうなものがあるのではないでしょうか。**事例とともに見てみましょう。

事例12 あなたに足りない部分を強くします！というサービス

何でもできてしまう器用な人が、何でもできてしまうために提供するサービスのテーマが定まらずに苦労するというのはよくあるケースです。ならばいっそ、**お客様ごとにカスタマイズして必要なものをお届けしてしまってはどうか**、という視点でビジネスをしている男性がいます。

仕事内容 **速読講師　可能性発掘コーチ**

ビジネスのお手伝いならおおよそ何でもできてしまうという器用な男性が、お客様にとって今、必要であろうポイントのみに絞ってコンテンツやサービス、アドバイスの提供を行う。内容は読書が苦手な方の苦手解決、起業したい方への第一歩となるコンテンツ作り、SNS告知、リアルな出会いからの集客、メンタルブロック解除など多岐に渡るが、クライアントにとっては非常にピンポイントな内容のサービスを提供している。まずは傾聴から始め、必要なものを見極めて提供するという流れで、クライアントの満足度は高い。

名前 小西 孝正

収入と推移 前年比150%

開始時期と期間 コロナ禍もオンライン化で落ちず、前年比5%アップ

必要なものと関わった人数 ひとり起業。外注・協力関係先は複数

要したお金（コスト） 初期はFCロイヤリティ100万円、資格取得などに80万円。現在のランニングコストは5万円程度

事例⑬ レシピやキットを販売するハンドメイド「グルーデコ」

通常ハンドメイドアクセサリーの世界では、

- 作った作品を売る
- 教室で作り方を教える

という収入の作り方がほとんどです。そんな中、日本グルーデコ協会は、認定講師の方々に向けてキット販売を推奨しています。「キット」というのは、認定講師が考えたオリジナルデザイン（作品）の「レシピと材料」をセットにしたもので、それを販売することで別の認定講師が、その作品を生徒さんに教えることができるという仕組みです。次に紹介するの

は、それを実践している認定講師の事例です。

仕事内容　**グルーデコアクセサリー教室主宰、作家、教室サロンシェアールームオーナー**

主に30代〜50代の女性向けに、グルーデコアクセサリーなどの教室を主宰。自身のアトリエサロンだけでなく、オンラインレッスンや動画レッスンも展開。

作家活動では、名古屋、東京で百貨店POP UP出店、オンラインショップでの販売も。プロ向けの講座に力を入れ、門下生だけでなく、異業種を含め趣味から副業、本業としていきたい人へ足がかりにしてもらうためのシェアスペースを作り、サポートもしている。

名前　H・M

収入と推移　月20〜30万円の安定収入。最高月収95万円

開始時期と期間　20年前に教室講師をスタート、本格的な起業は10年前

必要なものと関わった人数　ひとり起業。プロの育成は10年で30名以上

要したお金（コスト）　自己資金でまかなえる程度

牛1頭は要らない、でもカルビは欲しい

「部分販売」というのは、実はこれまでも普通に行われてきたもので、スーパーに行くとそんな商品が多いことに気づかされます。野菜や魚、肉などはあらかじめ必要な分だけカットして売られています。そんなふうにあなたの趣味起業でも部分的に切り売りすることは可能なのです。

もしあなたがカウンセラーなら、「落ち込んだときの気持ちの持ち直し方」「怒りが込み上げたときの落ち着き方」なんていう部分に特化したセミナーを開催できるかもしれません。また、もしあなたがイラストレーターなら、「ハロウィン用素材」「ＯＬ風女性イラストバリエーション」といった切り口で素材販売ができるかもしれません。

あなたが持っているスキルを丸ごと商品化する必要はないのです。**あなたのネタの中の「この部分が得意！」や「この部分が楽しい！」と思える箇所を切り取って商品化できないかを考えてみましょう。**

売れるアイデアの法則 7

「あと出しじゃんけんの法則」
～今あるアイデアをアレンジ～

「ほとんどのアイデアはゼロから生み出したものではなく、すでにあるものの組み合わせやアレンジだ」とよく言われますが、まさにその通りで、あなたの身の回りを見渡してみてもそうだと気づかされることでしょう。

例えば「文字を書く」ために生まれたボールペンと、「暗闇を照らす」ために生まれた懐中電灯をくっつけて、暗いところでも書けるライト付きボールペンができたり、「荷物を入れて運ぶ」ためのキャリーケースに「座って休憩する」ためのチェアや「ドリンクを置く」ためのホルダーがくっついた商品が発売されたりしています。

つまり、ゼロから何かを生み出す苦労をしなくても、今ある商品やサービスを参考に、それを進化させたものをリリースすることでオリジナル商品を生み出せるということです。

「あと出しじゃんけん」のように、アイデアを進化させてしまえばいいのです。

事例⑭ ソックモンキーをもっとかわいく！

靴下を使ってお猿のぬいぐるみを作るのが「ソックモンキー」と言われるハンドメイドです。靴下の柄を活かすことでいろいろな柄のかわいいお猿さんが生まれるのですが、それだけでは飽き足らず、その「かわいさ」を追求して作ることで人気が爆発している作家さんがいます。

すでにあるものを、もっと良くできないか？という感覚が進化をもたらすのです。

仕事内容 **イラストレーター・ハンドメイド作家**

主にお子様向けに、靴下でできたぬいぐるみ（ソックモンキー）を制作。肌触りなどで選んでもらいたいという思いから、基本的にイベント出店で販売。市内の委託店3店舗でも販売を展開。ソックモンキー以外にも得意なイラストを活かして、さまざまな作品を提供。

他にもオリジナルイラストで作った消しゴムはんこ、プラ板にイラストを描いてパーツから作ったアクセサリー、お子様のお名前の由来などを聞いてパズルのように組み合わせて作るお名前アートなど。子育て経験からくる『こんなの欲しかった！』を形にしている。

名前 竹中 桃子（石黒 桃子）

収入と推移 月平均5万円程度

開始時期と期間 起業から11年経過

必要なものと関わった人数 ひとり起業

要したお金（コスト） 自己資金程度で開業。仕入コストは売上の30％以内

事例⑮ 電話で語学！を半自動化

これは私がコンサルタント業をする直前までやっていた「オリジナルスペイン語教材販売」の事業のひとつで、携帯電話（当時はガラケー）に届いたメール本文内の番号をクリックして電話発信をすると、日替わりのスペイン語フレーズが聞けるというサービスです。

これのもととなったアイデアは「ネイティブから毎日決まった時間に電話がかかってきます」という英会話サービスです。このサービスには「電話がかかってくるのでサボれない」

「表情や身振り手振りは使えない」という、語学を学ぶ上での大きなメリットが潜んでいます。これを目にした私は「これはぜひスペイン語でもやりたい！」と意気込んだのです。

そこで早速、普段教材作りを手伝ってくれているスペイン人の女性に協力を依頼しました。「毎日決まった時間に、生徒さんに電話をしてあげて欲しい」と。ところが女性の答えは「イヤです！」だったのです。

理由を聞くと「知らない人に電話したくない」とのこと。考えてみれば当たり前です。異国の地で、知らない人に毎日電話するなんて、私だってイヤです。しかし、**このアイデアをどうしてもあきらめきれない私は、「どうすればできる？」とひたすら考えました。**そこで考えたのが、

- 毎日同じ時間にメールが届く
- メールをクリックしたらスペイン語の自動音声が流れる
- 音声は毎回、質問フレーズ「今日の晩ごはんは？」「昨日はどこに出かけた？」など
- 音声を聞いて理解して脳内で返事を考える、いわゆるバーチャル会話を楽しんでもらう

といったサービスです。これなら、音声はスペイン人に録音をお願いして、あとはメールで自動的に音声が届くようにすればOKです。これで一気に現実味を帯びてきたのですが、問題は「メールクリックで自動音声を流す」というシステムです。

何とかこれを可能にするサービスはないか？　とひたすら検索をし続け、ついに無料でシステムを使えるサービスを見つけたのです。そうして生まれたのが「電話がかかってくる英会話教室」のあと出しじゃんけん的サービス「毎日メールが届いてスペイン語音声が聞けるサービス」でした。

仕事内容　**スペイン語コンテンツ提供、オリジナル教材販売**

スペイン語のオリジナル教材は常に売れ続けるも単品販売事業モデルのため、売上は安定せず。その後、毎月３０００円の月会費で、月替りのスペイン語コンテンツを提供するサービスを開始。その前段階として、「毎日メールが届いてスペイン語音声が聞ける」サービスを導入。

名前　戸田 充広

収入と推移　月商70～80万円

開始時期と期間　２００５年～２００９年頃まで

必要なものと関わった人数 最初はひとりで、以降ネイティブ2～3人に協力を依頼

要したお金（コスト） ほぼゼロ円。のちに協力者への人件費として月2～3万円

「エア不動産投資の法則」〜ノーリスクのエアマンション運営で安定収入〜

せっかく作った副収入の仕組みも、その都度の売上に準じた報酬では、毎月の売上が安定しません。「月にあと5万円あれば」「あと10万円あれば」と頑張っているはずなのに、今月は1万円しかなかった、なんてことも普通に起こります。「先月は良かったけど、今月はどれくらい売れるのだろう」と、不安になることも多々あります。

それを防ぐ手段のひとつが、今では「**サブスク**」と言われている仕組みです。実際には昔から存在するビジネスモデルで、ファンクラブの会費や新聞や雑誌の定期購読料から、マンションやアパートの家賃収入といったものまで、**毎月ある程度の決まった金額が収入として入る仕組み**のことです。

他にも、「猫のトイレ」本体を買うと、それに応じた「猫の砂」や「トイレシート」を定期的に買う仕組みや、「ウォーターサーバ」を設置することでボトルウォーターを定期的に買う仕組み、ポンプ式シャンプーを買ったら定期的に詰替え用シャンプーを買う仕組み、なんていうのもこれに近いモデルですね。個人のビジネスにおいても、書道教室やそろばん教室といった月謝制のものがこれにあたります。

そしてここ数年にわかに注目を浴びているのが「**オンラインサロン**」といった、趣味や特技などをテーマにしたものもある、コミュニティの運営です。いずれにしても、決まった金額×お客様の数が売上となって、ほぼ毎月安定して入ってくることになります。

例えば、会費2000円で会員が50人だと毎月10万円が入ってくる計算になりますね。もちろん、会員数の多少の増減はありますが、よほど運営者が会員に嫌われて「みんなで一斉にやめましょうよ」というクーデターが起こらない限り、売上が突然ゼロになることはありません。

実際にマンションを経営するのは初期投資が必要ですし、さまざまなリスクも伴いますが、オンラインサロンや月謝制の教室であれば比較的ローリスクでスタートできます。とは言え、**「私はそんなオンラインサロンができるようなネタがない」と思う人も多いでしょう。そこはあまり難しく考えなくて大丈夫です。**

同じ趣味を持つ人たちの集まり（コミュニティ）をまず作ること。そして**そのコミュニティから、少し内容を濃くした「有料版のコミュニティ」を作る**ことで、オンラインサロンができていきます。

例えば、あなたがアニメ好きだとします。まず誰もが参加できるアニメ好きのコミュニティを作って、そこから「格闘系アニメファン」や「声優ファン」といった切り口で少し内容の濃い有料コミュニティの運営をスタートして、会員を募るのです。

そのとき、**あなたが特別に深い知識を持っている必要はありません。あくまでも管理人として場の運営をすることで会費をいただくのです。あとは会員同士で情報交換して盛り上がってもらえるように、あなたがコミュニティの中でさまざまな提案をすればいいのです。**

「〇〇アニメの情報交換をしましょう！」や「このキャラクターのグッズ自慢大会をしましょう！」といった具合です。何ならオフ会なんかを主催してもいいですね。

会場（飲食店）の予約手配、参加メンバー管理、集金、といった事務作業をやることで会費をいただきます。そう考えると、どんなネタでもオンラインサロン運営ができそうですよね。

事例16 城跡《しろあと》大好き！でオンラインサロン運営

前にも少し触れましたが、「城跡《しろあと》」が好きで副収入を作っている人がいます。もとは「歴史が好き」という相談だったのですが、**あまりに範囲が広すぎる上、一般的すぎるため、ヒアリングを続けて絞り込んでいくうちに、「城跡が好き」に辿りつきました。**

「城」ではなく「城跡」です。そうです、お城が失くなったあとの丘というか、荒地というか、なかには石垣が残っていたりもしますが、もはや雑木林のようになっていて立て看板だけで跡地だと知る場合もある、あの「城跡」です。

なぜ「城跡が好き」なのかを尋ねたところ、城跡に立って数百年前にそこにあったであろう城やその城主である武将が関わった歴史に思いを馳《は》せるのが楽しいのだそうです。

なかなかニッチな趣味なので、仕事につなげるために、まずは同じように「城跡が好き」と思っている人を集めることから始めました。

そこで「城跡好き」の無料コミュニティをスタートしたところ、半年ほどでメンバーが800人を超え、今では1万3000人を超える巨大コミュニティに発展。そこから有料版のコミュニティの運営や、城跡お茶会、城跡ツアーなど、さまざまな企画を立ち上げて、楽しく副収入を得ているのです。

仕事内容 **歴史家、南信州歴史コミニュケーションズ会長、飯田城下町サポーター、歴史小説家、マイナー歴史研究家**

歴史に関するグッズ制作・販売、オンラインサロン運営、郷土歴史・史跡の保存や活用、といった取り組みを行う。初開催となった城跡お茶会は、カフェに集まって城跡談義をするという企画。参加費5000円で3名の申し込みがあり、15000円の収入に。

その後もさまざまな企画で城跡が好きな人たちに喜びと感動を届ける。昨年、地場産業の会社と組んで、ご当地武将の名前入りグッズを開発。それをニューヨークとパリに出品して大好評となり、ふるさと納税返礼品にも指定された。歴史本の出版も実現。

名前 原 一六四

開始時期と期間 2017年活動開始

必要なものと関わった人数 ひとり起業

要したお金（コスト） 個人でまかなえる範囲

オンラインサロン（サブスク）モデル継続のコツ

オンラインサロンは長く続けて、会員を徐々に増やしていくことが成功のポイントです。どうしたら会員を増やせるのか、大切なポイントが２つあります。

１つ目のポイントは、一度入会した会員を飽きさせないことです。私は過去に、「スペイン語」のオンラインサロンを運営していました（事例24、２２７Ｐ参照）。

そのときの基本コンテンツは月替わりの「スペイン語のオリジナル動画」「スペイン語音声のなぞなぞ」「早口言葉」といったもので、他では視聴できない内容のものを提供していたのです。

それだけでも会員として継続していただく価値はあったのですが、それでも飽きられないようにするために、

- オンラインで不定期の「勉強しないスペイン語検定」
- リアルで不定期の「スペイン料理を楽しむオフ会」

などを開催していました。

検定に関しては、公的な「スペイン語検定」とは違い、「スラング」や「ネイティブにしかわからない表現」などを出題、いかに勉強しないで点を取れるかというふざけた内容のものでした。皆さんジョークで受験してくださり、得点に応じて「1級」「2級」などの合格証をPDFでプレゼント。受験してくださった年配の方から「賞状をもらったのは久しぶりで、プリントして妻に自慢しました」と嬉しいメッセージをいただいたこともありました。

スペイン料理を食べるオフ会は、私がネイティブを2人連れて行き、スペイン人とスペイン語で話しながらスペイン料理を楽しむという企画です。なかなか国内では得られない機会ですので、多くのメンバーさんが楽しく参加してくださっていました。

このように飽きずに会員として継続していただけるような工夫をすることが、オンラインサロン成功のポイントでしょう。

2つ目のポイントは、予告や口コミで会員になりたい人を増やすことです。コミュニティの中で行われていることや、盛り上がっているネタを、あえて一般向けSNSに投稿して、参加していない人の興味をそそるのです。

あなたも経験があるかもしれませんが、自分が蚊帳の外で、一部の人が盛り上がっているのを見たとき、「私もあの中に混ざって一緒に盛り上がりたいなぁ」と思ってしまうのは自然なことです。それをSNS上で再現することで、オンラインサロンに入りたいと思う人が増えていきます。

以上の2つのポイントを実践することで、会員は徐々に増えていくことになるでしょう。

オンラインサロン運営4つのタイプ

オンラインサロンには主に次の4つの型があります。

❷ 交流型……共通の趣味やライフスタイルを持つ人が集まって、お互いに情報提供して楽しむタイプ

❷ 勉強型……運営者や会員が持つコンテンツを講座やセミナーなどにして提供し、

❸ビジネス型……………勉強するタイプ
みんなで何かのプロジェクトを進めたり、お互いにアイデアを出し合ったり相互支援したりしてそれぞれのビジネスを成功に導いていくためのコミュニティ

❹ファンクラブ型……運営者（あなた）自身にファンがついて、あなたとの交流を楽しみにしたり、あなたを応援したりするために集まった人たちのコミュニティ

もちろん厳密にこの4つに分けられるわけではありません。複合型もありますし、これらに属さないタイプもあるでしょう。あなたが取り組みやすく、楽しいものを選んでください。

安全なオンラインサロンの始め方

オンラインサロンをスタートするときに一番心配になるのは、「果たして会員になってくれる人はいるのだろうか」ということです。すでにある程度ビジネスで結果を出している人

はそれほど不安になることもないかと思いますが、これから副収入を作ろうと動き出した人にとって、これほどの不安材料はありません。

そして**一番困るのは、オンラインサロンメンバーの募集をした結果、「会員ゼロ」よりも「会員1名」や「会員2名」となったときです。**せっかく会員になってくださったその1〜2名の人に「え、何？会員は私だけ？」とがっかりさせてしまうかもしれませんし、それ以上に「何だ、この人、人気なかったんだ」と信頼さえも失いかねません。

さらに大変なのが、例えば会費が1000円だとした場合、その1〜2名のため（つまり月の売上1000円〜2000円のため）に、オンラインサロンの運営を頑張らないといけないという事実です。

あなたのモチベーションはだだ下がりになっているでしょうし、盛り上げようと頑張っても会員1〜2名では盛り上がりようがありません。むしろ「会員ゼロ」で大コケしてしまったほうがずっと楽だったかもしれないですね。

そんなことを考えると怖くなってオンラインサロンをスタートできなくなってしまいます。そうならないための、スタートの切り方をお伝えしておきましょう。

そもそもオンラインサロンで前述のようなことが起こると困ってしまう、その原因は「オンラインサロンに終わりがない」ということです。1～2名の会員ためにずっと頑張り続けないといけないのは本当に辛いことです。ということは「終わりがあると良いのでは？」と気づくことができますね。

そうです。**いきなりオンラインサロンとしてスタートするのではなく、「こんなコミュニティを作ります、まずは3ヶ月限定で第1期生募集」とすればどうでしょう。仮に1～2名しか参加者がいなくても3ヶ月だけ頑張ればいいのです。**これならできそうですよね。

そして3ヶ月が過ぎた頃、1期で1～2名しか参加してくれなかった原因を探して改善して、「第2期生募集」をしてみるのです。もちろん3ヶ月くらいの期間を設けて。

そこでもやはり数名しか参加してくれないようであれば、さらに改善を加えて第3期募集に臨めばいいですし、**予想以上に反応が良く大勢の方が会員になってくれたのであれば、3ヶ月後に「オンラインサロン化」して、追加メンバーを募集すればいい**のです。

仮に最初から会員ゼロであれば、テーマそのものを変えて再チャレンジしてみてもいいでしょう。いずれにしてもこの流れであれば、安心してオンラインサロン運営に移行していけますよね。

第4章

シェア拡散で知名度も収入も一気にアップする！【シェア3つの法則】

idea

良い商品を作っただけでは売れない

第3章でさまざまな商品化アイデアの出し方をお伝えしました。事例も紹介したので、あなたのネタを商品化するイメージも浮かんだのではないでしょうか。ただし、**せっかく思い付いたアイデアから生まれたその商品やサービスも、知られなければ売れません。**

売れるようにするためには、いかにその知名度を上げるかが重要になってきます。ここではあなたの商品を効率的に知ってもらえるように、シェア拡散される方法、つまりSNSを使って口コミされる方法について見ていきましょう。

ちなみに口コミは「ナマのお客様の声」で信頼度が一気に上がる、最強の宣伝ツールと言えます。しかし、ただ待っていても勝手に口コミが起こることは稀です。その商品を買ってよほど感動したか、満足度が予想を超えていたときくらいです。

実際あなたもそうじゃないでしょうか。コンビニやスーパー、外食やレジャー施設、人は日常で数え切れないくらい買い物をしています。果たしてその中で、思わず口コミしてしまう商品やサービスに出会う確率はどれくらいでしょう。あなたがよほど「感動屋さん」でない限り、滅多に口コミをすることはないのではないでしょうか。

Webショップや予約サイトでよくあるレビューもそうです。なかにはレビューを書くのが好きな人もいますが、普通はよほど良い経験をしないとわざわざ書こうと思わないものです。それほど口コミって起こりにくいのです。

だからといって**「口コミなんてしてもらえないよね」とあきらめる必要はありません。起こらないのであれば、起こせば良いのです。**

そのために知っておいて欲しいのが、SNSでシェア拡散をしてもらうための次の3つの法則です。

3つの法則

- シェアの法則1　**もらうと嬉しいからシェア！**
- シェアの法則2　**楽しいからシェア！**
- シェアの法則3　**自慢したいからシェア！**

早速その3つの法則と、シェアされるための具体的な方法を見ていきましょう。

シェアの法則 1

もらうと嬉しいからシェア！

人は誰しも、プレゼントをもらったり、抽選で何かに当たったりすると嬉しくなります。

そして**その嬉しさを人に伝えたくなります。これが、シェア投稿を生み出す1つ目の要素**です。あなたも「こんなの当たりました！」「プレゼントいただきました！」といった投稿を見たことがあるのではないでしょうか。もしかしたらそういう投稿をしたこともあるかもしれませんね。

と言うことは、**何かプレゼント企画などを立ち上げて、商品やサービスをお届けすることでシェア投稿される可能性が出てくる**ということです。

事例 17 特製のアメで拡散、セミナー講師

昔、私のセミナーでは、参加者さんの席に事前に「飴」を置き、受付で「飴の置いてある席

にお座りくださいね」と案内してもらっていました。普通は「資料が置いてある席に座ってくださいね」というのが一般的なのですが、私の場合は「飴」でした。しかもオリジナルの飴です。実は私は絵本作家としても活動していて、その絵本のキャラクターの猫の飴を作って配っていたのです。すると多くの方がその写真を撮って、「かわいい飴をもらいました！」とセミナーの様子とともにSNSに投稿してくれました。そしてその投稿を見た人の印象にも残るセミナーにすることができたのです。

仕事内容 **趣味起業コンサルタント、セミナー講師、講演家**

好きを仕事にすることをメインにコンサルティングを行う。自分自身がセミナーを行う際、参加者に喜んでもらう目的と兼ねて、SNS投稿で口コミが起こるであろうことを目的とした、飴の配布を行う。オリジナルキャラクターの飴というギャップからくる印象づけ効果を得られた。

名前 戸田 充広

開始時期と期間 2007年から継続中

必要なものと関わった人数 最初はひとりで、現在は数名の外注スタッフがいる

要したお金（コスト） ほぼゼロ円起業。現在は出張費や講演時の衣装代、会場費など

事例18 作品プレゼントでタグ付け拡散！ ハンドメイド作家

プレゼント企画にもさまざまなパターンがあります。例えば動画やＰＤＦといったデータのプレゼントであればコストはかかりません。無数にプレゼントができるので「全員プレゼント」という企画も立ち上げられます。

ただ、もらった喜びはあっても、それが写真で映えることがないため、シェア投稿されることが難しくもあります。また、全員がもらえるのであれば、喜びも小さなものになりがちです。

やはり**写真映えして、見た目にインパクトがある、そして希少価値があったほうが、喜びも大きく、シェア投稿してもらいやすい**です。ただ、そうなると〝もの〟を提供することになりコストがかかります。マッサージやエステなどの施術をプレゼントする場合も人件費（時間と労力）というコストがかかります。

ですので、**この場合は抽選などで限定○名様へプレゼントいった企画にする必要がありますね。それでも徐々に知名度アップにつながっていくので、少しずつ無理のない範囲で繰り**

返し実施してみましょう。

実際、初期の頃にそうしたプレゼント企画などを行い、知名度を上げ、今も活躍されているハンドメイド作家がいます。

仕事内容 **天然石ワイヤージュエリークリエイター／講師、四柱推命鑑定士**

オン・オフのどちらも楽しめて、日常に彩りを添える天然石ワイヤージュエリーの販売、初心者でも自分で作り身に付ける喜びを楽しむ天然石ワイヤージュエリー講座、四柱推命鑑定などを提供。起業のきっかけは子供の育児休業中に出会った3Dボディジュエルという繰り返し貼れるアクセサリー。

名前 石川 彩

収入と推移 前年比２００％

開始時期と期間 10年前から

必要なものと関わった人数 ひとり起業

要したお金（コスト） 自己資金でスタート。ランニングコストは仕入れにかかる費用が中心

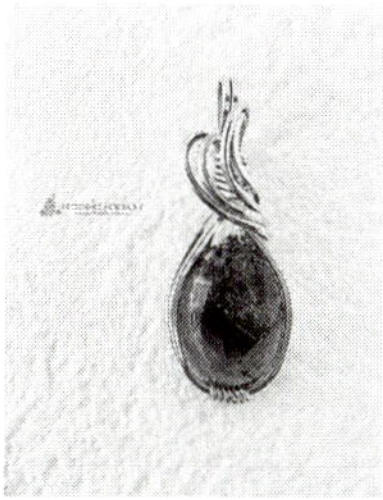

シェアの法則 2

楽しいからシェア！

友だちと話していて面白かったこと、転んだりぶつかったり、ちょっとしたドジを踏んだ笑い話などはもちろん、家族旅行したことや、コンサートへ行ったこと、バーベキューをしたことなど、**普段とちょっと違う、非日常で味わう楽しさはSNS投稿のネタになります。そんな楽しさがシェア投稿の2つ目の要素**です。

ということは、そんなちょっとした非日常の楽しさを提供できると、シェア投稿してもらえる可能性が出てくるということですね。

事例⑲ 犬の変顔コンテストで拡散、ドッグマッサージセラピスト

犬のマッサージという、一見「そんなの要らないのでは？」と思われそうなジャンルで活動を続け、全国にドッグマッサージセラピストを増やし、活躍している女性がいます。

マッサージと言っても、室内飼いされることによってフローリング生活で足腰を痛めているワンちゃんを施術で復活させるという、治療に近いもので、彼女の活躍によって徐々にその必要性が認知されてきています。

とは言え、最初はなかなかその理解が進まず苦労されていました。ドッグマッサージの知名度アップのために実施されたのが、「犬の変顔コンテスト」でした。

彼女のブログ上で開催されたこのコンテストは、参加者（飼い主）が、自分の犬の変顔を撮って応募。**その写真が掲載されると、コンテストのユニークさも手伝って、「私、このコンテストに参加しています、応援してね」と自分のSNSに投稿してくれます。それを見た人がまたコンテストに応募、またシェア投稿、という連鎖が起こり、徐々に知名度が上がっていきました。**

そうして増えたブログのフォロワーに、ドッグマッサージがワンちゃんにとってどれほど大切かを伝えていったのです。前述しましたが今では施術できるドッグマッサージセラピストを増やし、出版もされて活躍されています。

仕事内容　株式会社チェリーィヌ代表取締役　メンテナンスドッグマッサージスクール代表

初期の頃は犬への施術を中心に、飼い主へのレッスンやセミナーを行っていたが、現在はトリマー（ペットの美容師）を中心に、犬の仕事に携わっている人もしくはこれから携わりたい人に向けての講座を開講。

元々アロマセラピーの専門店で働いていたが、「10年後、必ずドッグマッサージやドッグアロマが犬を飼っている人に必要になる！」と突然ひらめいたことで、根拠はないが絶対うまく行くイメージと確信からスタート。当時は犬も飼っていないのにドッグマッサージで将来生計を立てることを決意。今ではメンテナンスドッグマッサージの書籍出版も実現。ドッグマッサージ歴は約20年で、業界ではパイオニアのひとりに。

名前　櫻井裕子

収入と推移　起業当初は年商300万円程度。現在は年商1200～2000万円に

開始時期と期間　2003年くらいから副業でぼちぼちと開始。2009年開業届提出。2011年完全独立。2021年会社設立

必要なものと関わった人数　ひとり起業でスタート。現在は外注のチームメンバー6人

要したお金（コスト）　ゼロ円スタート

事例20 プチ鑑定で拡散、メンタルストーン

「パワーストーンじゃなく、メンタルストーンなんです」。最初にその女性から相談を受けたときに聞いた言葉です。何がどう違うのか、説明を聞くと、

●パワーストーン
まずセラピストがお客様と対面でセッションをして、その人の現状を鑑定。その人に必要と思われる石をセラピストが選んで、ブレスレッドなどに仕立てる。

●メンタルストーン
まずは本人に自分で気になった石を好きなだけ選んでもらい、それを見てセラピストがその人の現状を鑑定、さらに追加で必要な石をセラピストが選び、ブレスレッドなどに仕立てる。

ということでした。

使っているのはパワーストーンなのですが、手順が大きく違うのです。そして多くのコンサルタントから「メンタルストーンなんて聞いたことがないし、誰も知らないからパワーストーンというキーワードでまずは集客すべき」と言われ、彼女は悩んでいました。

それもそのはずで、何しろメンタルストーンというのは彼女が作った言葉だからです。でも彼女はパワーストーンという言葉は使いたくなかったのです。そこで実施したのが「プチ鑑定」の企画です。

まず彼女のブログに石の写真一覧を掲載。石に番号をつけておき、フォロワーにオンライン上で石を好きなだけ選んでもらって、そのすべての番号をコメントで伝えてもらいます。実際に彼女が対面でやる手順をオンラインでできるようにしたのです。

ただ、対面のように追加の石を選んで渡すことはできないので、選んだ石から現状を鑑定するところまで、の企画です。「プチ鑑定」として、「今のあなたの状態を鑑定して紐解きます」という無料企画にしたのです。

そして実際にこの企画をスタートしたところ、多くの方から自分の選んだ数々の石の番号のメッセージをもらいました。そして彼女はフォロワーが選んだ石をもとにその人の現状を鑑定して、結果をメッセージで返していったのです。すると**多くの人が「プチ鑑定してもらいました、当たっていてびっくり！」といったふうにシェア投稿**してくれたのです。それによって徐々に知名度がアップ、今では商標登録も取得してご活躍です。

こんなふうに**ちょっと日常と違う特別な体験をしてもらうことで、「楽しい！」と思ってもらえれば、シェア投稿をしてもらえる可能性が高まり、うまくいくと知名度も上がっていく**のです。

仕事内容 **メンタルストーンカウンセラー**

天然石を使用して、今の心の状態をみるカウンセリングを、主に女性に向けて提供。2004年より天然石に興味を持ち、いろいろ勉強するうちに2007年、天然石の独特な法則を発見。メンタルストーンカウンセリングを始める。パワーストーンと違う意味を持つ天然石として《メンタルストーン》と名づけ、14類41類で特許を取得。主に東京・大阪のホテルラウンジを中心にサービス提供を行ってきたが、2017年から奈良に拠点を移動。予約があるときのみ対応する形式に。

名前 なゆり

収入と推移 ピーク時で年収１００万円前後

開始時期と期間 ２００７年

必要なものと関わった人数 ひとり起業

要したお金（コスト） 開業資金は30万円程度。以降ランニングコストは年間10万円程度

シェアの法則 3

自慢したいからシェア！

シェア投稿のきっかけとなる3つ目の要素は「プチ自慢」です。「これ見て！ 素敵じゃないですか？」「こんなの嬉しすぎます、最高です！」など、**とにかく人に見てもらって「すごい」と言って欲しい！「素敵」と言って欲しい！ つまり、認めて欲しい！** あなたもそんな思いで投稿したことがあるかもしれませんし、誰かがそんな投稿をしているのを日常的に見かけているのではないでしょうか。

では、あなたから届いた商品や、あなたから受けたサービスを思わず自慢したくなる、そんな気持ちになってもらうにはどうすればいいでしょうか。わかりやすい事例を交えてお伝えします。

事例21 「私のオリジナル曲」で拡散！ 一気に知名度アップしたピアニスト

いつもポエムのようなブログを書いていたピアニストがいました。でも、そのブログでいくらライブの告知をしても人は集まらず、販売しているCDも売れない状態が続いていたのです。

そこで、ブログに演奏動画をアップして記事を書くように改善し、フォロワーの興味がブログに向いてきた段階で、「あなただけのオリジナル曲をプレゼントします」という企画を立ち上げました。先着50名までの無料プレゼントです。

オリジナル曲といっても、ごく短い、1分以内の曲ではありますが、「自分だけの、自分のための曲」なんて、普通は手に入れる機会がないですから、フォロワー数が少ないながらも企画は盛り上がりました。

応募した方には、出来上がった曲をYouTubeにアップした状態でプレゼント。すると**曲をもらったフォロワーの皆さんが、自分のオリジナル曲が嬉しすぎて、その動画をSNSに貼り付けてプチ自慢投稿を始めたのです。**もちろん狙いはここにありました。その投稿を見た人たちが「え！ オリジナル曲を作ってもらえるの!?」と驚いてピアニストのブログを見に行きます。そして「先着50名」というのを見て、慌ててフォローして応募してくれるのです。

先着に間に合った人は曲のプレゼントを受け取り、同じようにそれをSNS投稿してくれます。この繰り返しが起こり、一気にフォロワーが増え、知名度も上がっていったのです。

先着に間に合わなかった人も「もしかしたらまたこんな企画してくれるかも」とフォローしてくれ、ブログでピアニストさんの曲を聞いてファンになるという流れもできました。

この間、ピアニストは、自らフォローしてフォローバックをもらうという単純な作業をするわけではなく、ひたすら大好きなピアノに向かって50曲を作っておられたのです（もちろん50曲の作曲は相当大変だったようですが…）。

そうしてこの企画のあとには、ライブがいつも満席、CDが大人買いされる、やがては海外進出、といったことが起こり、どんどん飛躍されていったのです。

事例㉒ 手作り衣装（試合用トランクス）の拡散、1枚のA4シートの秘密

ある日「キックボクサーの試合用トランクスをハンドメイドすることで生計を立てたい」という女性からの相談がありました。案の定、どこの起業塾でも「そんなの無理です」と言われ続けていたのですが、それでもやはり、あきらめきれなかったとのこと。

まずは「キックボクサーのトランクスをとても丁寧にカッコ良く、選手のあらゆる要望を聞き入れて作り上げる女性」の知名度を上げる必要がありました。

もちろん最初はブログやSNS発信のテコ入れをしましたが、そんな中、併せて取り組んでもらったのが、出来上がったトランクスを納品するときに同梱してもらう1枚のA4シートです（次ページの図参照）。

このシートには、オーダーをくれた選手と最初に打ち合わせをして確認した、選手の要望が書き込んであります。例えば、「キックが得意だからスリットを○センチ深く入れて欲しい」や、「少々蹴られてもトランクスがボロボロにならないように腰回りを補強して欲しい」

▶ 選手の要望が書き込んであるＡ４シート

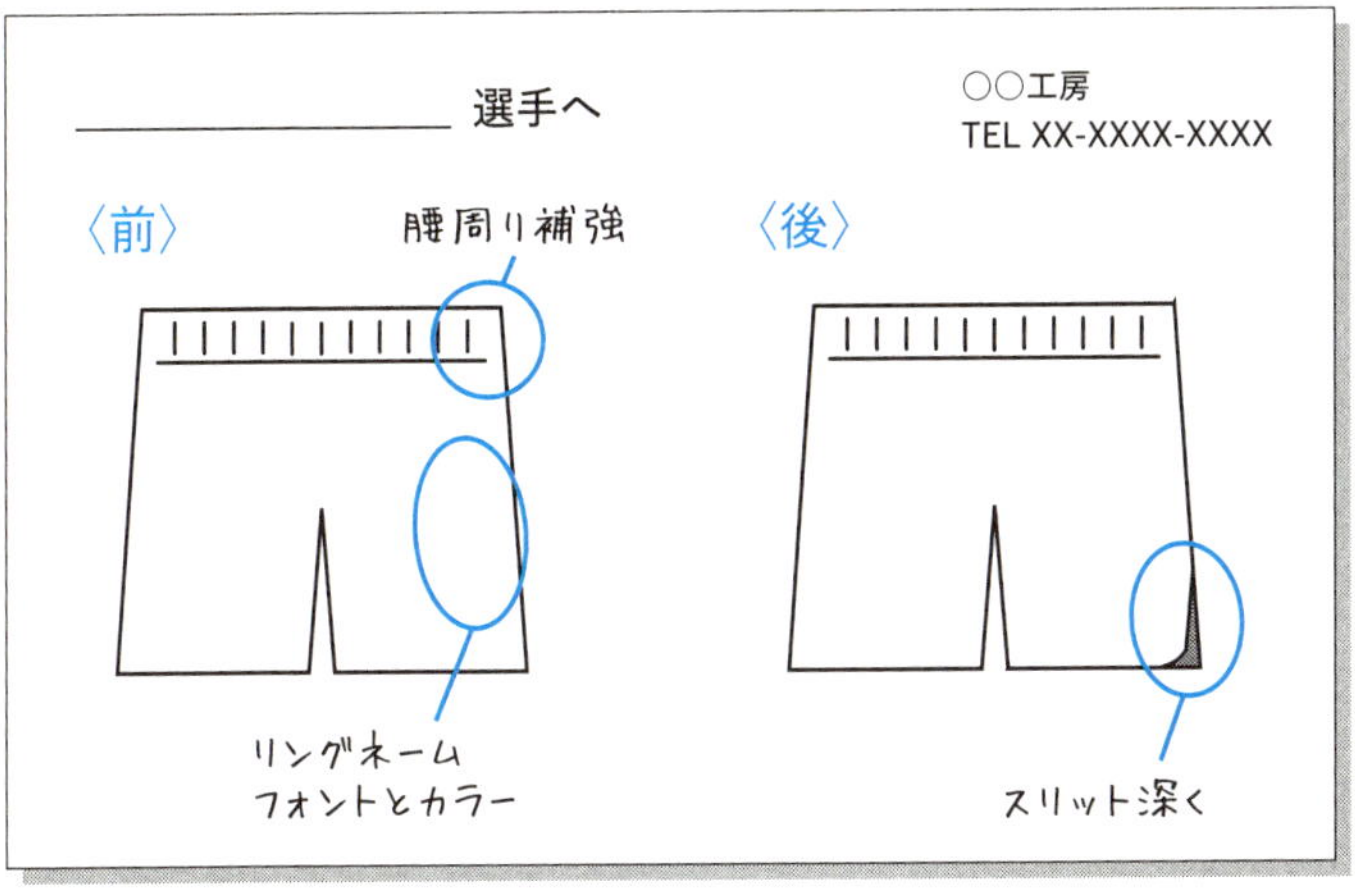

などが書いてあります。

それをあえてシートに書き込んで、完成品とともに納品することで、まずは「お願いしたことをきちんとやってくれている」と、選手に安心感を持ってもらうことができます。

さらには他の選手から「あ、新しいパンツ作ったのか」と指摘された際に、**「いいだろう、実はスリットを○センチ深く入れてもらっていて、腰回りは…」と、細かく説明したくなるはず、という効果も狙っていました。**

そして「え、そんな細かく注文を聞いてくれるメーカーがあるのか?」と聞かれれば、「ここに連絡すればいいよ」とそのＡ４シートを手渡して口コミ完了です。

実際、多くの口コミを生んだ彼女のトランクスは選手たちの間で評判になり、やがて複数のジムから、ジム丸ごとのオーダー契約が入るようになりました。

さらにプロレス業界に話が飛んで衣装のオーダーが入り、そこからアイドル衣装の制作依頼が入り、ついにはテレビドラマやCMの中に登場する格闘技選手の衣装などまでを制作することに。

今ではひとりで仕事をすることが不可能となり、チームで制作するまでになりました。

仕事内容 **格闘技衣装屋**

格闘家を対象にオーダーメイドで格闘技の試合用コスチュームを製作。仕事の範囲はキックボクシングからプロレス、ドラマ衣装へと広がりを見せる。世界戦のテレビ中継で選手が着用、テレビドラマで有名女優からお礼の写真が届くなど、仕事に新たなやりがいが。オーダー数が一気に増えたときは睡眠時間がとれなくなったことも。

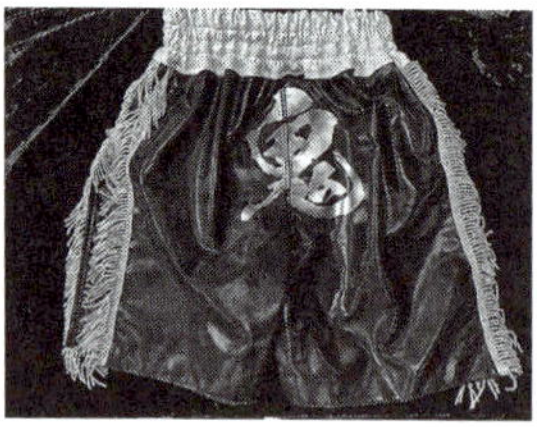

名前 谷 和美

収入と推移 月収200万円

開始時期と期間 2010年

必要なものと関わった人数 ひとり起業。10年目でスタッフ2名

要したお金（コスト） ゼロ円スタート

第5章

コミュニティが副収入を生み続ける！【コミュニティから効果を生む2つの法則】

コミュニティが、お客様を増やすって、ご存知ですか？　コミュニティがあることで信頼関係が生まれたり、一層口コミが起きやすくなったりするからです。

世の中にはさまざまなコミュニティがあります。学校も会社も、地域も趣味単位も、家族だってひとつのコミュニティです。そしてその**コミュニティの中で、信頼できる仲間ができ、仲間の発言から欲しい商品や行きたいイベントの情報を得たりもします。**

例えば、出かけて楽しかった旅行先の話、美味しかったレストランの話、気になっていた商品の使用感など。あなたも心当たりがありますよね？

こうしてあらゆるコミュニティの中でさまざまな経済活動が発生しているのです。そしてこれはもちろん、現実世界の話だけでなく、SNSをはじめとしたとオンライン上でも同じことなのです。ということでこの章では、コミュニティを活かしたお客様の集め方、収入の増やし方についてお伝えしましょう。ここでの法則は2つです。

2つの法則

コミュニティの法則1　**集客とはお客様を集めること？ に疑問を持つ！**

コミュニティの法則2　**コミュニティを作って副収入力アップ！**

idea

コミュニティの法則 1

集客とはお客様を集めること？に疑問を持つ！

自力で副収入を得るためには、集客が必要になります。**お客様がいないことにはどんな素敵なアイデアで、どんな素晴らしい商品を提供しようとしても、何ひとつ売れません。**どれだけ声高に商品をアピールしても、それは虚しいひとり言として消えていきます。どれだけ頑張ってＳＮＳで投稿をしても、他の人たちの投稿に埋もれてしまい、街の雑踏で聞き取れない小さな声のようにかき消されてしまいます。

ですから、お客様となってくださるであろう、ＳＮＳフォロワーさんを増やす必要があり、より多くの人にあなたの声が届くような仕組みが必要になるのです。そのために第4章では口コミの起こし方をお伝えしました。

でもここで少し考えてみてください。「集客」って「お客様を集める」と書きますが本当にそうでしょうか。多くの人はそう思っているので、一生懸命人を集めるための行動をしてい

▶ 集客とは……

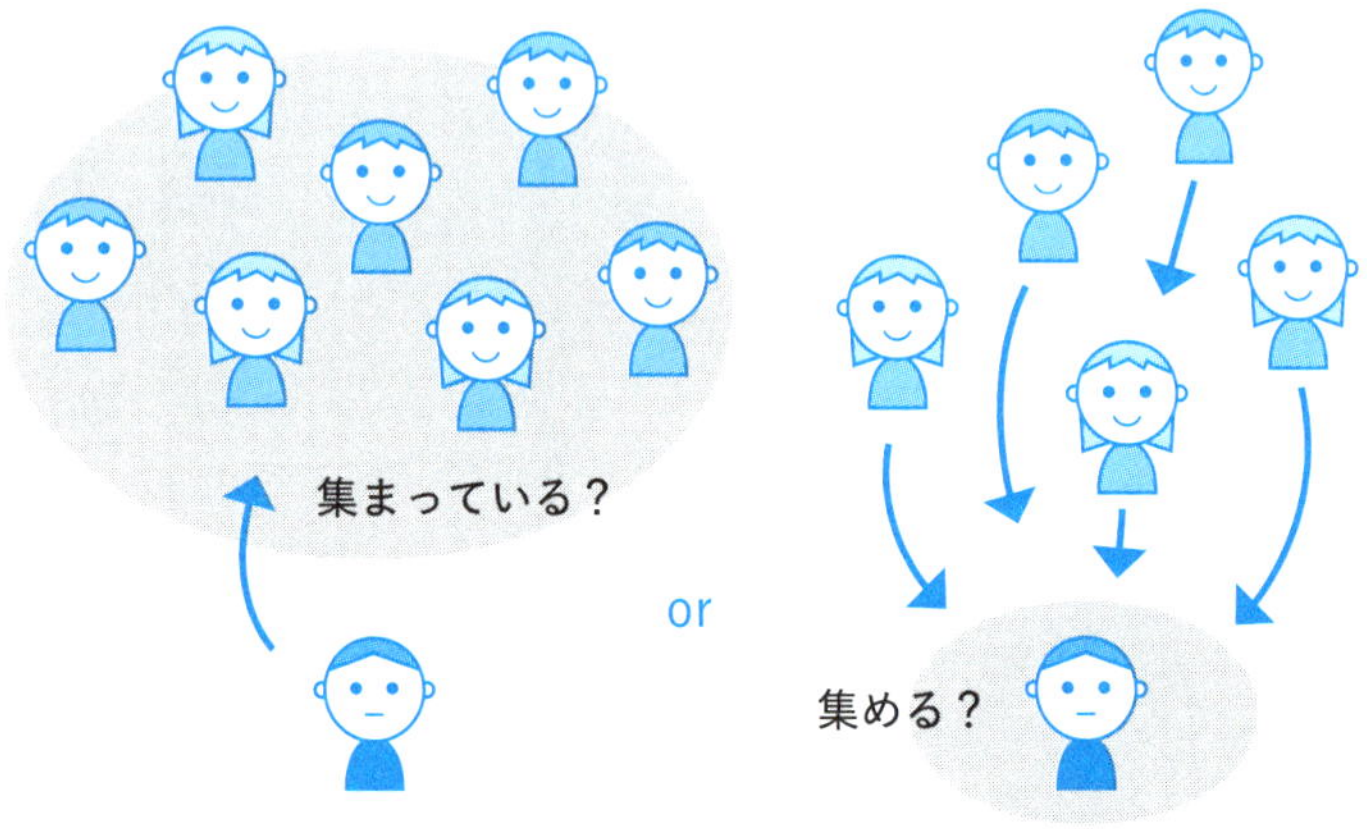

ます。

もちろんそれも正解ですし、大切なので、やるべきことなのですが、**実はこの「集客」は、「集まっているお客様」とも読み取れるのです。**

「え、どういうこと？」と思われるかもしれませんね。

わかりやすく言うと、**あなたのお客様になってくれるであろう人たちが「すでに集まっている場所」があって、そこに飛び込めば、あなたが「お客様を集める」ことに必死にならなくても、商品が売れる**ということなのです。

ではその「お客様がすでに集まっている場所」とは何なのでしょう。それはどのようにして見つけることができるのでしょうか。

実はすでにお客様は集まっている！ すでにあるコミュニティを活かす！

ちなみに、あなたのお客様はどんな人たちですか？ それがわからないと、**お客様がどこに集まっているのか**が見えてきません。逆にどんな人がお客様なのかが、明確にわかっていれば、**おのずとお客様の集まる場所が見えてくる**はずです。

例えば、あなたがカウンセラーとして活動しているとします。その対象となるお客様が「悩んでいる人」や「幸せになりたい人」といった、漠然としたイメージでしかなければ、どこにそのお客様が集まっていそうか、見えてこないですよね。むしろ全人類がお客様という状態です。

では「親子関係で悩んでいる人」というふうにお客様のイメージが明確になっている場合はどうでしょう。そうすると「子育てコミュニティ」「ママ友コミュニティ」といったところに、お客様になってくれそうな人たちがいそうだな、と想像できますよね。

もちろん、そういう場所に飛び込んでいきなり「親子関係のカウンセリングやっています！」とアピールするのはご法度です。嫌われて、場を乱すものとしてつまみ出されるのがオチです。まずは一参加者としてそのメンバーに加わる、あるいはコミュニティの責任者（あるいはその団体や行政）とつながって、**信頼関係を築き、講師側として参加できれば、やがては仕事につながる可能性が出てくる**ということです。

少し面倒くさいと思われたかもしれませんが、でも考えてみてください。コツコツとSNSを育てて少しずつファンを増やし、集客していく方法の他に、こういう手段もあるのだと知っておくことは、副収入のための近道をひとつ作ることにもなり得るのです。

便乗DMや便乗アンケートをチェック

あなたは通販でものを買ったときに、その会社が提供している別の商品の案内チラシや試供品が商品に同梱されて届いた、という経験はありませんか？　これはどこの会社でも結構普通に行っている販促施策のひとつなので、別に珍しくも何ともないでしょう。

では、まったく別の会社の、まったく違う商品の案内チラシが入っていた経験はありませんか？もしかしたら、気づかないまま捨ててしまっている人もいるかもしれませんが、今後はちょっと意識して、どんなチラシが入っているのかをチェックしてみてください。

なぜ急にチラシの話をしているのかというと、**実はこうした通販に入ってくる違う会社の案内は（私は便乗DMと呼んでいますが）、コミュニティ研究の役に立つのです。**

例えば、あなたが化粧品を買ったときに、温泉宿の案内チラシが入っていたとします。これは、この化粧品会社の、特にこの商品を買ってくれる年齢層、そしてこのエリアに住んでいる人たちは、この温泉宿を利用してくれるかもしれない人たち、というデータを基に便乗DMが行われているのです。

温泉宿が単独でDMを送る場合、過去に旅館を使った人に送るしか手段がありません。でもお金を払って化粧品会社のDMに便乗させてもらえば、まだ見ぬお客様にアプローチできるようになります。まさに、**お客様が集まっているところ（コミュニティ）に飛び込んでいく流れ**です。そういう視点でものごとを見ていくと、たくさん気づきがあるはずです。

他にも、例えば、遊園地や子供向けイベント会場において、大手の「子供向け通信教育」

の会社がブースを出展しているのを見かけます。

アンケートに答えると、その会社のメインキャラクターのグッズが無料でもらえる、というのをアピールしているのです。

子供たちが「欲しい！」と言い出すことで、親はやむを得ずアンケートに記入、そこから自宅にＤＭが届き始め、やがて子供のために通信講座に入会する、という流れです。

つまり、**親子が集まりそうな場所（コミュニティ）に飛び込んで、お客様と出会っている**わけですね。

あなたはどこに飛び込めばいい？ ヒントは「お客様だまり」を探すことから

これまでお伝えしてきた、お客様がいそうなコミュニティのことを、私は「**お客様だまり**」と呼んでいます。**お客様がたくさん集まっていそうな場所**という意味です。あなたの副収入をより早く効率的に増やすためには、あなたにとってのお客様だまりを探すことが大切です。

数年前、私のところに「昨年出版したのですが、この本をもっと売れるようにしたいのです」と相談に来られた方がいました。本の内容は「子供の頭が良くなる」系のもので、その本には書き込み式ワークもついていて、実践的なものでした。

ただ、書籍は発売当初でこそ、書店の目立つところに置いてもらえる可能性が高いのですが、発売から1年も経つと、「棚挿し」といって1冊だけ棚に挿して置かれるだけ、いえ、それも良いほうで、返品されてもう置かれていないというケースのほうが多いのです。

そんな中で本をさらに売ろうと思うなら、書店以外での販売ルートも考える必要があります。そこで私はその著者さんに「**この本を買う人は誰ですか**」と尋ねました。答えはもちろん「小学生のお子さんを持つ親御さん」でした。ということは、小学生のお子さんを持つ親御さんを探さないといけません。

そこで私は「では、その**親御さんが集まっていそうな場所はどこですか**」と尋ねました。お客様だまりを見つけるためです。答えはたくさん出てきました。

・スーパーマーケット
・野球やサッカーなどのスポーツクラブ
・公園
・PTA
・学習塾
・スイミングや英会話などの習い事
・遊園地

などなど。「ではこの中で、本を売っても良そうな場所はどこでしょう」というのが私の次の質問でした。

スーパーや遊園地で売ると間違いなくつまみ出されます。公園で売ると怪しい人認定されてしまいます。一番可能性の高いのが、そう、学習塾ですね。もちろん勝手に塾の前で子供たちに売りつけるようなことをしてはいけません。

そうではなく、塾の経営者に提案をするのです。個人経営の塾であれば「この本を置いてもらえませんか？ **売れたらいくらかマージンをお支払いさせていただきます」という交渉**

をすることは可能でしょう。そもそも学習塾は子供の学力を伸ばしたい親御さんが出入りする場所です。本の内容との親和性も高いですね。

こんなふうに、あなたのお客様がどんな人なのかがわかっていると、どこにお客様だまりがあるのかも明確になり、効率的にお客様と出会えるようになるのです。今の事例はリアルでのお客様だまりの話でしたが、もちろん**オンライン上にもたくさん、お客様だまりは存在します。**次の例を見てみてください。

飲食店の新メニューに即「食べたい！」「行きます！」の反応

X（旧Twitter）やFacebook、LINEオープンチャットなど、オンライン上にコミュニティが形成されている場所がたくさんあります。そのオンライン上のコミュニティに「〇〇市大好き！」のような、市区町村の名前を入れたコミュニティが存在します。

これらは自治体が運営しているわけではなく、郷土愛から誰か個人が立ち上げたコミュニティであることが多いようです。そしてこうした町の名前がついたコミュニティは、その町でお店を経営している人にとっての、まさしくお客様だまりと言えるのです。

例えば、

「○○町○○番地にある、イタリアンレストランの△△です！　いよいよ来月1日から新メニュー、しらす&明太子のペペロンチーノパスタが登場です！」

と書き込むと、

「あ、私の好きなお店！　新メニュー楽しみです！　行きます！」

といったコメントがついたりします。これを見た他のコミュニティメンバーが「私も行きたい！」と思うことは自然な流れですよね。さらには、食べたあとの感想も書いてもらえるかもしれません。

コミュニティは、お客様同士がつながる場でもあるので、ひとりファンがつくと、どんどんファンが増えていく可能性が高まるのです。もちろん、こうした町のコミュニティでお客様と出会えるのは、レストランといった飲食関係のお店だけに限りません。掃除の代行、お庭の手入れ、といった住まい関係、ハンドメイドや英会話といった教室関係、どんなジャンルでも、その町でお仕事をしている人ならお客様と出会える確率が高くなります。

こんなふうに、**あなたのお客様がどんな人たちなのかが明確であれば、オンライン上でもコミュニティを探すことが可能になり、お客様だまりを見つけることができる**のです。

事例㉓ 夫婦問題カウンセラーはあるコミュニティから始まった！

では実際に、そうしたコミュニティを使ってお仕事につながった事例を見てみましょう。

次に紹介する夫婦問題専門のカウンセラーは開業当初、某SNS内の「夫婦間のお悩み吐き出しコミュニティ（仮名）」を見つけて、そこにメンバーとして加わりました。

もちろん、前述したように、いきなり「カウンセラーです！」とは名乗りません。まずはコミュニティに参加して様子を見ます。するとほとんどの人がそのコミュニティで「パートナーの悪口を言っている」ことがわかりました。

ひとりが「うちの旦那がこんなので困っています」と書けば、それに被せるように「あら、まだましよ、うちなんてこんな感じ」と、どんどんエスカレートしていきます。きっと皆さんそこでストレスを発散しているのでしょう。
彼女はそこに少しずつアドバイスのコメントを入れ始めました。「そんなときはこんなふうに声をかけると旦那さんは気持ちよく動いてくれますよ」「そういうときはこう考えるとイライラしなくなりますよ」といった具合です。

するとそれまで、不満合戦だったコミュニティの中にちょっと違う空気が流れ始め、「この人、誰だろう」「とても適切なコメントをくれる」と気になりだした人が、彼女のプロフィールを見に行くようになりました。そして**「わあ、プロの人だ、さすが！」と、本気で悩んでいる人は相談したくなる、という流れが起こった**のです。

コミュニティ内で「カウンセラーですよ、相談乗りますよ！」とやるのではなく、**親身になって困っていそうな人たちにアドバイスのコメントを入れ続けたことが信頼につながった**のでしょう。

このように、コミュニティを見つけることができると、そこでお客様に出会うことができ、やがてお仕事につながっていくという例ですね。現在は夫婦問題の根本を解決するために、

「結婚教育」の普及に取り組んでいて、行政機関とも仕事をされています。

仕事内容 **結婚教育専門家**

最初は看護師の経験を活かした夫婦問題カウンセラーとしてスタート。「どうしてもなくならない夫婦問題」を根本から解決すべく「結婚教育」に考えが至る。NPO法人日本結婚教育協会JMECAを設立、会員とともに相談実績を積んできた経験を基礎に、夫婦問題や結婚相談を受けたい人が無料で利用できる「住民による住民のための相互支援」の事業を自治体へ提案。現在では地方自治体と一緒に幅広い少子化対策事業に取り組む。

名前 棚橋 美枝子

収入と推移 起業当初は個人事業なので全額収入。法人化した現在は月給制

開始時期と期間 2012年スタート、2013年NPO法人設立

必要なものと関わった人数 数え切れない人数

要したお金（コスト） 事務所の頭金など40万円

コミュニティの法則 2

コミュニティを作って副収入アップ！

さて、ここまでお客様がすでに集まっている場所としてのコミュニティを見つけて飛び込むという話とその事例をお伝えしました。

では、**どうしてもコミュニティが見つからない場合はどうすればいいのでしょう。そうです。作ってしまえば良いのです。**

もちろん、それぞれにメリットとデメリットがあります。

すでにあるコミュニティを見つけて参加する場合、一からコミュニティを作る労力は要りません。でもすでにそのコミュニティならではの空気感、ルール、マナー、といったものが存在するので、それを感じ取って、それに則《のっと》ってコメントしたり、発言したりする必要があります。

このルールやマナーを破ると、恐らく、コミュニティを運営している管理人から注意されるか、悪くすると追い出されることも起こり得ます。

一方、自分でコミュニティを作る場合は、あなたがやりやすいルールやマナーを構築していけば良く、そしてあなたが管理人であるからこそ、あなたは自由に発言することが可能になります。ただ、一から構築する苦労が伴います。

いずれにしても、あなたの欲しいコミュニティを探しても見つからない場合は作るしかないので、ここではそのコミュニティを作ることのメリット、作り方や盛り上げ方についてお伝えしましょう。

これからの時代の「お客様との理想の関係」

これまで、お客様と事業主さんは「一対一」の関係で、それが普通で当たり前でした。

例えば、雑貨店を経営している人と、そこに買い物に来たお客様とは、「商品を提供する人」と「商品を買う人」という関係性であり、それ以上でもそれ以下でもありません。それが普通です。美容院にカットしに来た人と、美容師とだって、同じように「一対一」の関係性です。でもこれだと、常に「リピートしてもらう工夫」と「新規のお客様獲得」の両方に

▶ あなた（自分）とお客様の関係

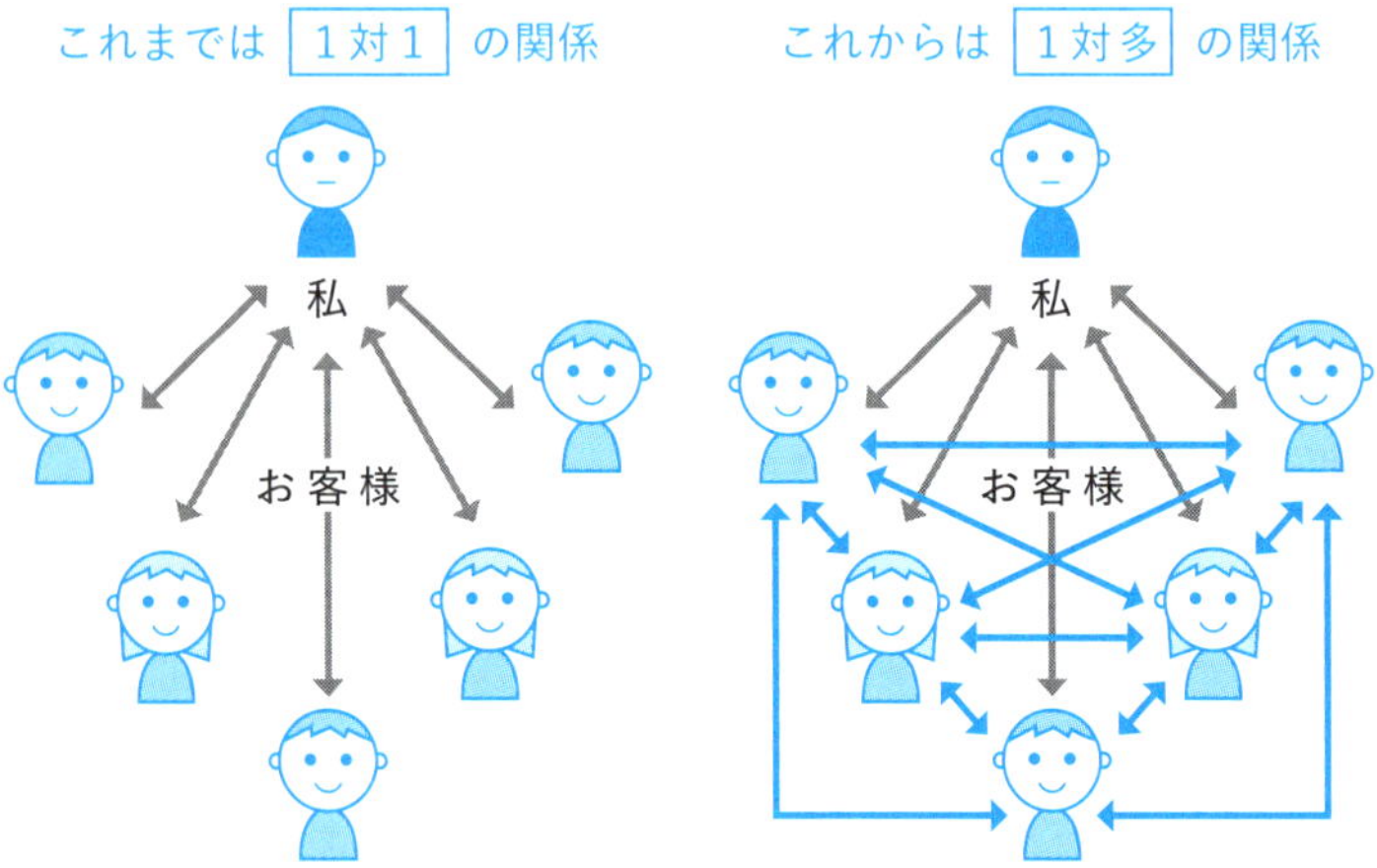

力を入れ続けないといけません。

ではこれが「一対一」ではなく「**一対多**」になったらどうでしょう。

「一」はあなたで「多」はお客様です。

つまり、**お客様同士につながりができて、コミュニティ化し、あなたとそのコミュニティ全体との関係性という構図になる**ということです（上の図を参照）

こうなると、何が変わるのでしょうか。

前項でも少しお伝えしましたが、**お客様同士がつながって仲間意識が芽生えることで、勝手に口コミが発生する**のです。

「Aさんが言うなら間違いない、私も買おう」

「みんな買ってる、私も乗り遅れたくない!」

など、これに似たようなことはコミュニティを意識していなくても、経験されたことがあるのではないでしょうか。

仲の良い友だちに影響されて買うとか、一緒に教室に通うとか、SNSで大好きな人が持っているのを見て欲しくなったなど、いろいろあります。

例えば、数年前のとある美容室でのこと。私が急ぎでカットしてもらいたい状況になったため、普段利用している少し遠くの美容室ではなく、近くの美容室に飛び込みで入ったのです。初めて行くその美容室の壁には「バーベキュー」の写真がたくさん貼ってありました。美容室の壁にバーベキューの写真……。どう考えても違和感しかありません。

それでカットしてもらっている最中、美容師さんになぜバーベキューの写真なのかを尋ねたのです。すると美容師さんは、

「ああ、あれですか、うちは時々、お客様と一緒にバーベキュー大会をやるんです。良かっ

たら来ませんか？」

と言うのです。

お誘いに関しては丁重にお断りしましたが、それでもこのとき「**あ、この美容室さんはお客様のコミュニティを作っているのか！**」と直感したのです。

普通、美容室でカットしてもらっていても、横の席でカラーしてもらっているお客さんのことは知りませんよね。どのお客さんを見渡しても知らない人だらけです、当たり前ですけど。ところが定期的にバーベキュー大会を開いている美容室で、そのバーベキューに参加しているお客様たちはどうでしょう。

そうです。**顔見知りが増えます。しかも一緒に食事をした人たちなので、かなり仲良くなっているはずです**。この状態になると何が起こるか想像してみてください。

例えば、その美容室で、ヘッドスパのメニューで使うトリートメントが変わって、リニューアルしたとします。そうすると美容師は、お客様に向かって、「新しくなったヘッドスパを一度、体験されませんか？」とアナウンスをすることになります。本来ならお客様が１００

人来れば100回言わないといけません。**でもこれがバーベキュー大会などでお客様のコミュニティ化が進んでいるとどうでしょう。**

バーベキューの最中に美容師が「Aさん、先日の新しいヘッドスパいかがでした？気持ち良かったでしょう！」と声をかけたとします。そしてAさんが「めっちゃ気持ち良かったです！また次回もお願いします！」と答えてくれたら？**その周りにいる人たちが「え！何それ、私もやって欲しいです！」と言い出すかもしれませんよね。**

これがコミュニティの口コミ力です。ナマのお客様の声ほど強いものはありません。

でもお客様同士の関係がコミュニティ化されていない場合、先程も言いましたがあなたの隣に座っているのは知らない人です。これだといくらそのヘッドスパが良くても、横に座っている知らない人に向かって「めっちゃ気持ち良かったですよ！」なんて言わないですよね。

実際、前述の美容室がバーベキュー大会でそんなことをしているかどうかはわかりませんが、そういう活用も可能だという話です。

これからの時代のお客様との関係性は「一対一」だけではなく「一対多」も意識したほうがいいのです。**あなたがもしすでにお客様のいる状態なら、コミュニティ化できているかどうか、できていないなら、どうすればできるかを考えてくださいね。**

そして、**まだこれからビジネスを起こす段階の人は、あらかじめコミュニティ化も視野に入れて活動を開始してください。**「一対一」の関係性でビジネスを動かすより、ずっと早く成果を出すことが可能になるでしょう。

無料のコミュニティを盛り上げよう！

基本的に、お客様（候補）の方々と出会うためのコミュニティは無料のものを構築します。月額会費を徴収する有料版のコミュニティもいずれ運営できると良いのですが、これについては第3章の「売れるアイデアの法則8」（167P参照）でお伝えした通りです。

ちなみに前述したバーベキュー大会の事例ではもちろん参加費を徴収することになりますが、基本的にコミュニティに所属することそのものに費用は発生しません。あなたもまずは無料のコミュニティをオンライン上に構築して、お客様（候補）の方々と交流しましょう。

お客様と交流することのメリットについても第2章のステップ3「ファン作り」でお伝えしているので参照してくださいね。

オンライン上のコミュニティはさまざまなSNSを使うことで構築できます。今のところ代表的なものではFacebookグループ、LINEオープンチャット、X（旧Twitter）コミュニティ、clubhouseなどが主ですが、今後はますます増えていくことでしょう。

「この中でどれを使うのがいいですか？」という質問をいただくのですが、私が生徒さんたちにしているアドバイスをひとことでお伝えするなら、「**あなたが一番使いやすいもの、使っていて楽しいもの、を選んでください**」ということになります。

もちろんマーケティング的には「ユーザー数が多いもの」や「あなたのお客様になってくれそうな人が好んで使っているもの」という答えもあるのですが、結局どれがいいのか悩みますよね。

実際それを基準に選んだとき、「どうも使い方がよくわからない」と感じてしまった場合、そのコミュニティはきっと盛り上がらないものになるでしょう。だってあなたのテンションが下がっているわけですから。

だったら初めからあなたが楽しめるものを使ったほうが、楽しいからこそ盛り上げやすくなりますし、長く続けることも可能になります。長い目で見ると、「楽しい」ものを選んだほうが結果を出せるのです。

ではそうやって構築したコミュニティをどのように盛り上げていくといいのでしょう。

基本的にはあなたが率先してコメントしたり、スレッドを立てたりすることから始まります。あなたの投稿にどれだけ反応してもらえるかが大切です。そのうち、自ら何かを書き込んでくれる人も出てくるでしょうし、人数が増えると自然に盛り上がりもするでしょう。そうなるまでは、あなたの書き込みにかかっています。

そういうことを面倒だと感じる人もいるかもしれませんが、基本的にあなたが好きなことをテーマにしているはずなので、やってみると意外と楽しいはずです。そして**投稿やコメントが盛り上がるかどうかについても心配する人が多いのですが、そこはクイズや質問、アンケートといったネタを織り交ぜて反応を探ってみてください。**

単純に何か書き込めば良いというわけじゃなく、盛り上げる必要があるので、やはりそこ

は何か問いかけをしてメンバーが思わず回答してしまう、という流れを作るのが得策です。

もちろん、毎回質問ばかりしていると、ウザがられたり、面倒くさがられたりする可能性があるので、時々挟み込む感じにしておきましょう。

そうした工夫をすることでコミュニティは徐々に盛り上がっていきます。でも一番大切なのは、第2章でお伝えした通り、あなたの「素」の一面を出すことです。**あなたの人となりが伝わることで、あなたのことを好きと思ってくれる人だけが残ってくれます**。これが後々の成果につながっていくので、忘れないようにしてください。

文章で投稿してもいいですし、難しければコミュニティ内でライブ配信をしてもいいでしょう。そのほうが人となりが伝わっていいかもしれませんね。あなたが伝えやすい方法でいいので、あなたのファンを増やす投稿を続けていきましょう。

無料だから集まる、つながる

無料のコミュニティが出来上がったら、どんどんメンバーを増やしましょう。あなたが普段使っているSNSで「私のコミュニティで、今度こんな話をします」という予告編を流したり、「こんなプレゼント企画します」と特典の案内をしたりすることで、コミュニティへの参加を促します。基本的に無料なので参加のデメリットはほぼありません。そこもアピールのポイントですね。

そうして**無料コミュニティに参加してくれる人をどんどん増やし、やがて有料商品や有料コミュニティに来てもらうような流れを作ります。**

もちろん、強要や売り込みはご法度です。一気に信頼をなくし、コミュニティは静まり返り、人は減る一方になります。そうではなく、**いかに素敵な商品やサービスがあるか、それを体験した人が語ってくれるような流れ、前項でお伝えしたように、自然と口コミされるような流れを作るのです。**

例えば、私は昔スペイン語の有料オンラインコミュニティを作っていたのですが、その前段階として無料のオンラインコミュニティも作っていました。

その無料コミュニティの中には有料コミュニティの会員さんもいて、その方が「前回のスペイン語動画、すごくわかりやすくて楽しかったです！」と、**有料版の感想を書いてくれる**

ことがあるのです。その感想を見た方で、まだ有料版を未体験の方は「いったいどんな動画が見られるんだろう」と興味を持ち、やがて有料版にも入るという流れができたのです。

そう考えるといかにコミュニティの存在が重要か、それも無料コミュニティを作っていかに多くの人に入ってもらい、そして盛り上がることが大切か、がおわかりいただけるのではないでしょうか。

事例㉔ スペイン語コミュニティ

かれこれ20年近く前にスタートした「オリジナルスペイン語教材」の販売ですが、教材販売だけでは月によって売上にばらつきが出ます。それをカバーするために始めたのが月額制のコミュニティの運営でした。

毎月オリジナルのスペイン語動画や音声コンテンツが更新されるサービスで、メンバーはパスワードを使って専用サイトにログインし、コンテンツを楽しみます。**その有料サービスのメンバーを増やすために活用したのが、前述の通り「無料のコミュニティ」でした。**

仕事内容 オリジナルスペイン語教材販売・月額制コンテンツサービス提供

教材の販売だけでは売上が安定しないため、月額制のスペイン語コンテンツを提供するサービスを開始。日本の昔話や世界の昔話をスペイン語で話すコンテンツアニメを月替わりで提供。ストーリーを知っているため、聞き取れなくても理解できると人気コンテンツに。

会員はピーク時で200名程度。またコミュニティでは不定期に「スペイン料理を食べに行く会」などを開催。ネイティブを連れて行き、一緒にスペイン料理を食べる企画で、「飽きて退会」する人を防ぐ狙いも。

名前 戸田充広

収入と推移 月70～80万円

開始時期と期間 2005年～2009年頃まで

必要なものと関わった人数 最初はひとりで、以降ネイティブスピーカーを2名

要したお金（コスト） ゼロ円スタート

事例25 美容室にもコミュニティ

先程、お客様とバーベキュー大会をしている美容室の話をしましたが、それとは別に「キャベツダイエット」のコミュニティを運営している美容室があります。

オーナーでもある美容師ご自身が、キャベツダイエットを実践して、痩せるとともに健康まで手に入れた経験から、お客様にもそれをお勧めして、今ではそれがひとつのコミュニティになっています。

さらには、コロナ禍を経てデザインの特技を活かした新しい収入の柱を作ることで売上を伸ばしています。Canva Design Lab.（キャンバデザインラボ）というものです。そちらはオンラインスクール形式で生徒を集めて講座を実施、新たなコミュニティが生まれています。

仕事内容 美容師・キャベザップCLUB代表

健康的に痩せたい方に向けて、食前キャベツダイエットの方法を伝える。3年前、足に激痛が走ったため血液検査へ。その結果、現在のような食事を続けていると、半年後には脳梗塞や心筋梗塞になる可能性が高いと言われ、食前キャベツダイエットを開始。

3ヶ月でマイナス10キログラムを達成し、周りからどうやって痩せたのかと聞かれ始めたことで、キャベザップCLUBを立ち上げ、仲間を募集。メンバーは美容室のお客様だけにとどまらず、現在は300名を超える。昨年はキャベツダイエットの出版も実現（『3か月で10キロ痩せた！キャベザップダイエット』笑《え》がお書房、2023年9月刊）。

また得意のデザインの世界でも収入の柱を立ち上げ、Canvaというデザインアプリの講座などを2020年にスタート。

名前　ミッキー石田
収入と推移　前年比105％
開始時期と期間　2021年
必要なものと関わった人数　最初はひとりからスタート、現在はトレーナーが1名
要したお金（コスト）　ゼロ円スタート。オンライン起業のためコストはZoomの年会費くらい（約2万4000円）

第6章

価格の決め方と売り場の話

idea

売り場はリアルもオンラインもこんなにある！ あなたにピッタリな売り場はどこ？

これまで売れる商品やサービスを生み出すためのアイデアの出し方についてお伝えをし、さらには口コミで知名度を上げ、ファンを増やしてコミュニティを構築する方法などもお伝えしました。あとはきちんと利益の出る「価格設定」をして、どんなルートで販売すればいいのかを知れば、あなたの趣味副業（趣味起業）は大きく前進し、望んだ副収入を手に入れることも夢ではなくなります。

とは言え、この**価格の決め方が一番難しいと感じる人も多く**、実際それで悩み続け、挙げ句に間違えた価格設定で商品を売って、赤字になってしまう人があとを絶ちません。

また、**どんな場所で売るのかによって価格設定の考え方が変わるケースもあります。だから売り場を知ることは大切なのです。**

ここではリアル店舗とオンラインショップの2つに分けて、それぞれの特徴を見ていきましょう。

リアル店舗で売る！

まずは**リアル店舗で売るケース**です。単純に実店舗での販売シーンとして考えられるものを挙げると、

●**自宅サロン**……施術系の仕事や占い、カウンセリングといった「人対人」のお仕事、またお料理やお菓子作り、英会話やハンドメイドなどの教室業は、自宅の一室を専用ルームに仕立て上げて開業するケースです。場所代がかからないため、比較的始めやすい販売方法と言えます。

●**委託販売**……主にハンドメイド作家やアート系の作品を生み出して販売する人ですが、そうした作品を扱う専門のお店に作品を置いてもらって販売し、売れた場合に手数料を支払う、という方法があります。また、カフェや美容院といったところでも集客目的の一環として、お店の一角にそうした作品を陳列、販売してくれるところもあります。

●イベント出店……今ではごく普通に開かれるようになった、「ハンドメイドマルシェ」や「癒やしの祭典」といったイベント会場にブースを出店して商品やサービスを販売する方法です。イベントによっては多くのお客様が訪れるので、自分で集客をする苦労から開放されるというメリットがあります。ただ、開催が短期間であったり、都度の搬入・撤収作業が必要であったり、何かと大変な側面もあります。出店費用とのバランスも考えて、出店するイベントを選びたいところです。

●百貨店出店……百貨店が行う催事に出店して販売する方法です。誰もが出店できるものではありませんが、それだけに出店できたときの「ブランド力」には大きなものがあり、その後の信頼度やファン作りに良い影響が出るのは間違いありません。出店費用や売れたときに支払うマージンが高く、デメリットもありますが、それを超えるメリットがあると考えていいでしょう。

他にも、フリーマーケットや、レンタルスペースを借りるなど、さまざまな方法がありますが、利益や手軽さ、ジャンルなどを考えた上で選ぶのが良いでしょう。

オンラインで売る！

次に**オンラインで売るケース**です。

オンラインはリアルに比べて、ほぼすべて自宅で作業を完了できること、あるいは外出先であってもスキマ時間を活用してメンテナンスできること、などが便利な点と言えます。またリアルと同じようにオンラインにもさまざまな売り場があり、どういう場所で商品を提供するのが良いのかを確認しておきましょう。

●オンラインショップサービスを使う……BASEやSTORESなど、さまざまなオンラインショップ構築サービスが存在します。決済システムも搭載していることが多いので、自前でオンラインショップを作りたい場合はこうしたサービスを使うのが早くて便利でしょう。

●オンラインショップモールに出店する……大手ではAmazonや楽天といったショッピングモールがありますが、それ意外にもハンドメイドに特化したminneやCreemaといったモールもあります。自前のショップに対して、モールの場合はすでにそこに「お客様の流れ」があることが大きな違いです。リアルでのイベント出店のように、自分に集客力がなくても商品が売れる可能性があるということです。ただ、ライバルも多く人気ジャンルなどは競争が激しくなることも否めません。

●SNSやブログ……特にショップを使わず、SNSやブログ経由で直接オーダーをもらったり、問い合わせをもらって、商品やサービスを販売する手法です。SNSによっては規約上「商用利用禁止」を謳っているところもあるので、注意が必要です。

また、**海外のオンラインショッピングモールに出店したり、SNSで英文発信をしたりして、世界に商圏エリアを拡大できるのもオンライン販売の魅力**のひとつです。

実際、事例41（271P参照）で紹介する、アメリカンヴィンテージアクセサリーの作家は、海外への販売に成功しています。あなたの商品やサービスをどこまで広げられるかに挑戦するのも夢があっていいですね。

もちろん、リアルとオンライン、片方ではなく両方取り組むことも可能ですし、大切です。その場合、次項でお伝えする価格設定と在庫管理の点でいくつか注意が必要になるので、確認しておきましょう。

idea

「売れても赤字」にならない価格設定

売れても赤字にならない。言ってみればとんでもなく当たり前のことです。普通は売れるほど儲かるはずですから、売れるほど赤字になるはずはないのです。なのに、なぜか「売れるほど赤字」になる人が本当に多いのです。特にこの本でお伝えしているような、自分でネタを見つけてマネタイズして、副収入を作りたいと思っている人に多く見られます。

これは価格設定で失敗しているからです。ではなぜ値段の決め方に失敗するのでしょう。失敗する値決めのケースは主に次の4つです。

- 何となくこれくらい、で値段を決める
- みんなこれくらいだから私も、で値段を決める
- 私なんかがこれ以上もらってはいけない気がする、と遠慮して値段を決める
- これ以上高いと売れない気がする。と遠慮して値段を決める

つまり、**深く考えていなかったり、遠慮して価格設定したりしているのです**。そして多くの人が「材料費はまかなえている」や「交通費や会場費はペイしている」と考えて安心し、でもなぜか利益が残らないと悩んでいます。一体なぜそんなことになるのでしょう。

いくらなら黒字？ 自分の時給を決めておく

前述のような価格設定の仕方をしていては充分な利益が出ないのも当然です。そこでは**人件費が無視されている**からです。

ハンドメイドを例に考えてみましょう。

例えば2500円で売っている作品があるとします。内訳を確認すると、材料費は250円、オンラインショップの販売手数料が250円だとします。すると見た目には2000円の利益が出ているように見えるのですが、その作品を作るのに4時間かかっているとすると、その作家の時給は500円だということになります。

これだと1日に2個作るのが限界でしょう。8時間かかって2個作って完売しても利益は4000円です。当然「時間や労力を費やした割には」という気持ちになります。「こんなのやってられるかー！」といつかは心のちゃぶ台をひっくり返すことになりかねません。

これを**解決するには、自分の「時給」を決めることです**。ハンドメイドを例に出しましたが、どんなジャンルでも考え方は同じです。次の公式をもとに、価格設定を考えてみてください。

時給×要した時間＋コスト＝価格

なので、もしあなたがカウンセラーなら、

時給×カウンセリングに要する時間＋会場費（あるいはカフェ代）＝カウンセリング料

もしあなたが画家なら、

時給×制作時間＋画材＝作品価格

となります。厳密には「アイデアを出すために考えている時間」や「移動時間」なども含めるべきですし、コストには「交通費」や「送料」なども入れるべきでしょう。

ただあまり厳密に計算しようとすると、そこに面倒くささや、どうしても計算しきれないもの（材料をまとめ買いしたので送料をコストとして按分《あんぶん》できないとか、一気にいくつもの作品アイデアのラフ画を描いたのでひとつ当たりの所要時間を出せないなど）が出てきて、やる気をなくしてしまいます。

そのあたりはざっくりでいいので損しない程度の計算を加えておきましょう。

リアル販売とオンライン販売の価格設定の違い

気づいていない人も多いのですが、**基本的にリアルよりオンライン販売のほうが利益率を上げておく必要があります。**

例えば、「雑貨」などの商品を仕入れてお店で売るという場合、仕入れは売値の6掛け（60％）であることが多く、この場合の粗利は単純に4割です。しかしオンラインではこれが逆転します。

つまり、粗利が6割以上出るような価格設定で売らなければ合わなくなるのです。例えば、ひとつ1000円の商品を仕入れて売る場合、実店舗なら仕入れ値が600円で、粗利が400円というのが目安になるのに対して、ネットショップなら仕入れが400円で粗利が600円になるというイメージです。

なぜなら、実店舗の場合は仕入れた商品に値札を貼って棚に並べておけば、お客様が勝手に商品を手にとって確かめ、気になるところは店員さんに尋ね、気に入るとレジに行ってお金を払って持って帰ってくれますが、オンラインショップの場合だとこうはいきません。

仕入れた商品ひとつひとつをあらゆる角度から写真に撮り（しかも綺麗に）、その画像をアップロードしつつ商品説明文を考えて入力し、問い合わせがあればメッセージで返答、売れると入金確認をして、その後梱包して発送と、**恐ろしいほど手間がかかるのです。だから、実店舗とオンラインショップとでは、根本的に価格設定の考え方が違うのです。**

では、リアルとオンラインの両方で商品を売る場合はどうすればいいでしょう。

当然、双方で価格を変えるわけにはいきません。「あれ？ こっちで買ったほうが安かった」なんてクレームが出るかもしれませんから。ですので、両方の値段を揃える必要があります。もちろん安いほうに合わせるときちんとした利益を出せなくなるので、高いほうに合わせます。

もうひとつ別の方法があります。**リアルとオンラインとで商品ラインナップを変えておく**という方法です。これならそれぞれ違う価格設定をしても安心ですね。

なお、これはリアルとオンラインの関係だけでなく、販売手数料を取られる委託販売と、直販との価格差でも同じことが言えます。

こんなふうに、**状況によって二重価格が発生してしまうケースはよくあるので、それを踏まえて価格を考えてくださいね。**

idea

高いか安いかを決めるのはあなたじゃない

商品やサービスを提供する側の立場で値段のことを考えると、どうしても「これだと高すぎるかな」「もうちょっと上げても大丈夫かな」などと、いろいろ考え込んでしまうものです。でも、それらはすべて取り越し苦労にすぎません。

例えば、あなたは友だちと一緒に買い物に出かけて同じ商品を見ていて「これ、ちょっと高いね！」「え、安くない？」と意見が食い違ったことはありませんか？

そうです、高いか安いかを決めるのは売る側ではなく、お客様なのです。そして高いか安いかの判断はお客様の価値観によって変わるのです。

「でも、お客様の価値観なんてわからない」と思いますよね？もちろん、それをあらかじめ把握して値段を決めることは不可能です。しかし、できるだけ「高くない」むしろ「安いかも」と思ってもらえるような価格にすることは可能です。あなたが**価格設定をするときに「これ高すぎるかな」と悩んでいる暇があれば、「どうすれば安いと感じてもらえるか」と考えることに時間を使いましょう。**そのためには、商品価値の伝え方を知る必要があります。

商品価値は情報の量と質で決まる

商品の価値がしっかり伝わるかどうかで、お客様が感じる「高い」「安い」が変わり、「欲しい」「欲しくない」も変わります。できるだけ「この内容なら安いよね！」と言ってもらえて、「だったら欲しい！」と思ってもらえるように、きちんと価値を伝えましょう。

ちなみに商品の価値を伝える情報には「量」と「質」があります。それぞれどんなものかを見てみましょう。

●情報の量

情報の量は商品のスペックと呼ばれることもありますが、その商品やサービスに関するデータ的な部分を指します。

例えば物販の場合、その商品の「機能」や「サイズ」「素材」などの情報がこれに当たります。カウンセリングや占い、教室など、サービスが商品の場合、「所要時間」「場所」「プログラム内容」「持ち物」といった情報がそれに当たります。

ちなみに、この情報の「量」に関してはたくさん伝えれば伝えるほど、お客様の安心感は増し、そしてライバルにも勝てるようになります。

続けてある書道教室の案内ページにある情報の「量」を見てみましょう。

〈A教室の場合〉

- 日時・場所・受講料・持ち物という必要最低限の情報量と、あとは数枚の写真を掲載。

この程度の情報量しか書いていない教室が圧倒的に多くあります。

〈B教室の場合〉

- 日時・場所・受講料・持ち物、というA教室で案内されている情報に加えて、
- 最寄り駅から会場までの道案内（写真入り）・受講料のお支払い方法・貸出道具の案内・作品持ち帰り用袋の持参の案内・当日欠席する場合の連絡先・欠席した場合の返金もしくは振替日程の案内、など、お客様の立場で考えた思いつく限りの情報を記載。

こんなふうに、持てる情報をできる限り伝えることで、同業者やライバルより信頼を勝ちとり、安心して参加申し込みをしていただくことが可能になります。これが情報量の大切さです。

●情報の質

一方、商品価値をしっかり伝えるためには**情報の「質」も大切です。商品そのものよりも、その先にある幸せや満足を伝えるための情報のことです。**

先程と同じように、ある書道教室の案内ページにある情報の「質」を見てみましょう。

〈A教室の場合〉

当教室では生徒おひとりずつに丁寧な指導をしますので、上達までのスピードが速く、個人差はありますが2～3ヶ月もすると、上手な文字を書けるようになります。

〈B教室の場合〉

筆文字はもちろん、硬筆も並行して学べますので、あらゆるシーンで文字を書くときに恥ずかしい思いをしなくて済むようになります。例えば、会社の書類に必要事項を記入するとき。下手な文字では信頼を損ないかねませんが、上手な文字だと逆に一目置かれるようになるでしょう。手書きをすることが少ない時代だからこそ、手書き文字の上手さのインパクトは絶大なのです。大好きな人に気持ちのこもった手紙を送ることで、一層仲良くなれるかもしれませんし、子供の学校の提出書類への記入や、持ち物への名前書き、あらゆるところで「上手！」と言われることも単純に気持ち良くて嬉しいものですよね。そんな日常をぜひ、手に入れてください。

いかがでしょう。この例のように、**情報の質というのは商品そのものではなく、その先にある世界を感じてもらうための情報なのです。これを伝えることができると、商品を「欲しい」と思ってもらえる可能性が高まり、「これなら安い！」とさえ感じてもらえるのです。**ポイントは第2章の「商品の良さを伝えるコツ」（89P）でもお伝えしたように、いかに具体的に、さらに映像として思い浮かべてもらえるかを意識することです。

300円のお漬物と3000円のお漬物

あなたが、お漬物を買いに行ったとします。そこで情報の量も質も足りていない状態で

「胡瓜《きゅうり》のお漬物、300円」と「胡瓜のお漬物、3000円」が並べて売られていたらどうでしょう？　恐らくほとんどの人は「3000円は高いな」と思うでしょう。安いほうの10倍の価格ですからね。

でも「きっとこれは高級なもので、美味しいのだろうな」という想像はできます。ただ、それで高いほうを買うかどうかは微妙ですよね。だって目の前には300円で普通に買えるものが並んでいますし、「私、そこまで味の違いがわかる人でもないから」という理由で300円のお漬物を買う人のほうが多いのではないでしょうか。

ところが、ここにこんな説明がつくとどうでしょう。

「胡瓜のお漬物、300円」
食べ頃の胡瓜を、しっかり漬け込んで濃いめの味に仕上げました。お茶漬けにもどうぞ。

「胡瓜のお漬物、3000円」
契約農家さんで完全無農薬栽培。柔らかくてもパリッとした噛みごたえと甘みのあるこの胡瓜は、ひと夏にわずか1000本程度しか収穫されません。その貴重な胡瓜を秘伝の製法で漬け込んで、素材の味を活かしつつお漬物の香りと味もしっかり楽しんでいただける一品に仕上げました。お茶漬けはもちろん、お漬物だけをそのまま食べていただいても、悶絶する美味しさ。オンラインでの仕事のお供にすれば仕事がはかどり、仕事のあとの晩酌のお供にすれば、心の底からリラックスできるひとときに。まずは一度お試しください。

架空の商品説明ですが、3000円のほうは情報の量も情報の質も、安いほうを上回っています。こうなると、300円のお漬物と3000円のお漬物は違うものに見えてくるので、どちらが安いか高いか？という判断が難しくなります。もはや、どちらを食べたいか、が基準となってくるのです。

ではさらにここで300円のお漬物の説明がこんなふうになるとどうでしょう。

「ちょっと小さく色もよくない胡瓜や、曲りくねってしまったものなど、普通に売れないはみ出しもの、かといって捨てるのも忍びない胡瓜を集め、美味しいお漬物にしました。美味しいのに安い！を楽しんでみてくださいね！」

こうなるとまた、300円のお漬物も試してみたくなってきます。つまり、**お客様による「高い」「安い」の判断は、情報の量と質で変わるということです。**

もうひとつ違う例を見てみましょう。

3万円のテレビと10万円のテレビ

見た目のデザインも、ついている機能も、サイズも画質もほぼ同じなのに、一方は3万円、もう一方は10万円、の価格のテレビが並んで売られているとします。普通、デザインも機能も同じで、それ以上の情報がなければ「3万円のほうでいいや」となりますよね。

ところがよくよく聞いてみると、10万円のテレビは国内有名メーカー製で国内工場の製造、5年間のメーカー保証付き。3万円のほうは外国製、しかも知らない国の聞いたことのないメーカーで保証なし、おおよそ1年で壊れることが多く、一度壊れると部品の取り寄せに3ケ月かかる……、となったらどうでしょう。

3万円のテレビは絶対買いたくないですよね。詳しい情報が入ることで、どちらを買うかの判断が一気に逆転してしまいました。あれほど同じように見えていた2つのテレビが、もはや違うものにしか感じられなくなったのです。それほど、情報にはお客様の気持ちや判断を変える力があるということですね。

逆に言うと、**情報が少なければ少ないほど、似たような商品と比較されて、単純に値段だけで高いか安いかを判断されてしまう**ということです。だからこそ前述したように、あなたが売りたい商品の価格で「これだと高すぎるかな」「もうちょっと安いほうがいいのかな」と悩んでいる暇があれば、**どんなふうに情報を伝えて「これなら安い！」と感じてもらうことができるかを考えたほうがいい**のです。

「¥」マークからの脱出

「どちらが重いのかな」という疑問に対して「グラム（g）」という単位で判断するように、「どちらが長い？」という疑問を「メートル（m）」という単位で解決するように、「どちらが高いか」の判断に、私たちは「円（¥）」という単位を使用します。でもこれらはあくまでも「同じ条件下」という前提があってこそ有効になる判断なのです。

例えば、長さを比べる場合。めちゃくちゃに短い「うなぎ」と、めちゃくちゃに長い「しらす」とでは、センチメートル（cm）という単位で比較すると明らかにうなぎのほうが長い結果になるのですが、人の感情（感覚）では「いやいやいや、このしらすはめちゃくちゃ長いでしょ」となりますよね。つまり、うなぎとしらすは別ものなので、共通の単位であるcmで比較するには無理があるということなのです。

重さもそうです。大きくて実が詰まっている重いトマトと、小ぶりで軽いスイカを測ってみたところ、グラム数ではスイカに軍配が上がったとしても、人の感情では「このトマトはめちゃくちゃ重いよね」となります。

価格を比べる際にも同じことが言えます。先に出した例のように、お漬物の値段、テレビの値段、情報が足りていなければ「同じ条件下」に近くなり、「¥」で判断されてしまうのですが、そこに**たくさんの情報が入ると「同じもの」に見えなくなり、「¥」では正確に判断できなくなるのです**。極端な話、ロケットと牛肉、どちらが高いですか？と聞かれても、違うもの同士なので比較なんてできませんよね。

こんなふうに、違うものの間では共通の単位も無力となるのです。つまり、あなたの商品も、似たようなライバルの商品と「同じ」と思われると「¥」という単位で単純に比較され、違うものだと思われると「¥」では判断できなくなるということです。

ですから、**できる限り情報の量と情報の質を伝えて、他の商品とは「違う」と思ってもらうことが大切**なのです。

第7章

どんなネタでも大丈夫！ネタをお金に変えたユニーク事例集

【変りダネ副収入8つの法則】

ニッチ過ぎても大丈夫！

世の中には、あまり知られていないニッチなネタで収入を生み出している人がたくさんいます。確かにお客様を増やすまでの行程は大変かもしれませんが、**ライバルが少ない分、ひとり勝ちできる可能性を秘めているのがニッチジャンル**です。

事例26 絶滅危惧種？お茶箱をおしゃれに変身！

仕事内容 **お茶箱制作・教室開催**

「茶箱」とは茶葉を新鮮に保存・運搬するために江戸後期より使われてきた杉の木箱。その「茶箱」に日本を始め、世界各国の生地で張り替えを行い、現代のインテリアにも合う収納家具として提供。高品質の茶箱は100年持つと言われ、世代を超えて大切に受け継ぎ、想いをつないでいく、という世界観でオーダー制作やレッスンを実施。

名前 大森 正子

収入と推移 2023年は前年比4倍に

開始時期と期間 2020年開始〜継続中

必要なものと関わった人数 ひとり起業で継続

要したお金（コスト） 自己資金でまかなえる範囲

事例27 龍に特化したイラストで収入

仕事内容 **漫画家・アーティスト**

龍をテーマに、見た人の心を動かす作品を届けたい、と活動を開始。独特のタッチが人気で、イラストのグッズや原画をＷｅｂショップで販売。漫画執筆＆電子書籍販売も行う。

名前 なそら

開始時期と期間 2023年開始〜継続中

必要なものと関わった人数 ひとり起業。現在は手伝ってくれる人がひとり

要したお金（コスト） 自己資金でまかなえる範囲

事例㉘ 知られるほどに人気教室に！ パラグアイの刺繍「ニャンドゥティ」

仕事内容 ニャンドゥティのレッスン教室

パラグアイの伝統工芸ニャンドゥティの対面レッスン、オンラインレッスン、通信講座を提供。近くに教室がない方のために通信講座に力を入れる。日本全国はもとより、海外在住の日本人にもレッスンを提供、好評を博す。

名前 長野 珠良衣（ながの みらい）

開始時期と期間 7年間継続中

必要なものと関わった人数 ひとり起業で継続

要したお金（コスト） 自己資金でまかなえる範囲

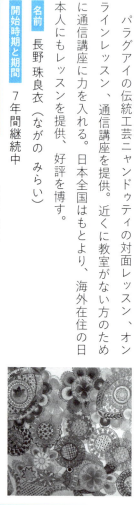

事例 29

蓮の葉は象の耳!?「ボタニーペインティング」

仕事内容 アーティスト

天然の植物をパネルなどに貼り、彩色するアート「ボタニーペインティング」と、パステルを粉にしてコットンで描くアート「パステルアート」、のワークショップを主に初心者向けに開催。アートの制作と販売を実施。

名前 Chikako

収入と推移 前年比200%で推移

開始時期と期間 コロナ禍から約2年、継続中

必要なものと関わった人数 ひとり起業で継続

視点を変えてさらに目立つ！

よく見ると普通にありそうなネタかもしれない、でもそれをちょっと違った切り口で伝え、魅せることで、新しい展開になります。ここではそんなネタの事例を見てみましょう。

事例30 家系《かけい》診断で親子関係・人間関係をもっと素敵に

仕事内容 家族相談士・家系鑑定士

一般的なカウンセリングでも、家系図制作でもない、ちょっと違った切り口から生き方のアドバイス。子育てが落ち着き、これから自分の人生を充実させたい40～50代女性に向けて、リスタートを切るための心の整理『過去との仲直り』を提供。家族療法と家系学を基に、3世代家族マップを使って生まれのルーツまで遡り、自分らしさを発掘、過去に囚われない生き方をサポート。

名前　いたくら みずき

収入と推移　月10万円～30万円で推移

開始時期と期間　2020年開始～さらなるスキルアップのため大学に通いながら大学院を目指す

必要なものと関わった人数　ひとり起業で継続

要したお金（コスト）　自己資金でまかなえる範囲

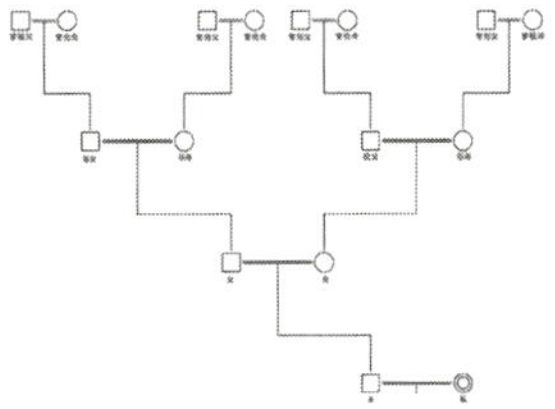

事例31　何でもタイルで作ってしまう、タイルクラフトの世界

仕事内容　**クラフト講師**

タイルを使ったクラフトの体験講座を開催、オリジナルデザインで作成した雑貨の販売、タイルと異素材のコラボ作品制作販売、QRタイル制作代理店、イニシャルのアクセサリー販売など。自治体からの要望で個展も開催。

名前　H・S

収入と推移　月平均12万円程度

開始時期と期間 ２０１４年に資格取得、現在も順調に教室運営

必要なものと関わった人数 基本的にひとり。イベントなどでは生徒数名に手伝ってもらう

要したお金（コスト） 自己資金でまかなえる範囲

事例32 オリジナルアクセサリーで独特の世界観を演出！

仕事内容 コスチュームジュエリーデザイナー

ヴィンテージのジュエリーやパーツをリデザインして唯一無二のアートジュエリーを生み出す。ピンが取れたブローチ、一部が錆びたネックレス、片方だけのイヤリングなど、そのまま使うことができなくなったものに、新しい命と価値を吹き込むかのように制作。「こう来るとは思わなかった」と人々の概念を裏切り、驚かせるデザインが人気。ロンドン、パリ、ニューヨークの展示会にも出品。

名前 mimima-bee 中野美穂

開始時期と期間 ２００２年希望の多かった講師業から始まり多くの教室を運営、２０１５年から本格的に百貨店出展を始め現在に至る

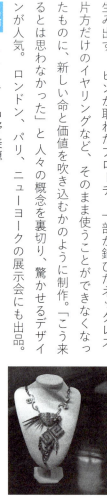

必要なものと関わった人数　ひとり起業で継続

要したお金（コスト）　自己資金の他に国や県の補助金も活用

事例33　呼吸と瞑想で「感謝」も「ダイエット」も手に入れるヨガレッスン

仕事内容　**60歳からの若返るヨガインストラクター**

ヨガ呼吸ダイエットと称して、キツいヨガのポーズではなく、深い呼吸で通常の4倍の酸素を取り入れ脂肪を燃焼。さらに痛みやコリなど不調のある部分に「ありがとう」と感謝しながら手を当て、気の流れをイメージ。最後に息を吐きつつ「心身の汚れた煙を出す」イメージをしながら、息を吸って「宇宙の白い光を取り入れる」瞑想によって、すべてに感謝できる自分を作るという、通常のヨガとは違う切り口でレッスンを展開。

名前　長山のりこ

収入と推移　コロナ禍でスタジオを手放す

開始時期と期間　1980年から、現在継続中

必要なものと関わった人数　最初はひとり活動、のちに最大7名のスタッフを抱えるも、現在はひとりで継続中

idea

経験がそのまま収入に！

自分にとっては当たり前になっている、たいしたことがないと思い込んでいる。そんなこれまでの経験が、他の人から見ると「え、何それ、すごい！」というものであることが、実は結構あります。ではそれがどんなふうに収入のネタになるのかを見てみましょう。

事例 34 ストレスから発症した難病から、ストレスケアの活動を開始！

仕事内容 更年期ケア看護師

大人のためのストレスケア・カウンセリングと保健室を運営。看護師時代にストレスで神経の難病を発症、杖や車椅子を使用するようになったことで、他の人たちに同じ思いをして欲しくないと、2017年に起業。ストレスケアの活動を開始し、癒しの場の提供として、カウンセリングしながら、ハンドメイド教室も開催。活動していく中で、

「感情と思考」を整えるのが一番のストレスケアになると気づく。更年期の相談に乗ることが多く「更年期からの感情と思考の保健室」を運営。

名前　前田 直美

開始時期と期間　2017年から現在も継続中

必要なものと関わった人数　ひとり起業

事例35　夫の不倫経験から不倫解決カウンセラーに！

仕事内容　**不倫解決カウンセラー**

結婚3年目から10年目まで、ご主人に不倫をされた経験から、夫や妻に不倫された人のための不倫解決カウンセラーに。また近年では不倫調査専門の探偵会社も経営。自分の経験を未来に活かして起業する、カウンセラー養成講座も併せて開講中。

名前　河村 陽子

収入と推移　最高月収1000万円

開始時期と期間　2011年から現在13年目に突入

必要なものと関わった人数　最初の10年間はひとりで。現在は外注スタッフ2人、動画編集

の外注や広告外注など、委託を増やす。今後はチームでさらに加速するよう準備中

要したお金（コスト） 開業資金は１００万円ほど。当初の運転資金は毎月５万円程度。別途コンサル費として年間50万〜１００万円。事業多角化した現在の運転資金は月50万円程度

事例36 40年以上の経験からオートクチュール、さらに妄想おしゃれワークも

仕事内容 **オートクチュールデザイナー**

40年以上、服飾デザイナーとして活動、海外での生地の買い付けも。現在はそのデザイン力を活かしてオートクチュールデザイナーとして活動。「どうすればその人自身が引き立つか」を一番に考え、生地とデザインにとことんこだわるオーダーメイド服を提供。また「妄想おしゃれワーク」という、雑誌や写真を使って自分のおしゃれをイメージするグループワークも好評。

名前 佐藤 昌美

開始時期と期間 デザイナー歴42年

必要なものと関わった人数 基本的にひとりで活動。縫製は職人さんに依頼

事例37 子供の頃から感じていた生きづらさをバネに、多くの人を幸せに！

仕事内容 女性向け心理カウンセラー

以前から抱えていた体調不良、また子供の頃から感じていた生きづらさなど、どうにかしようとカウンセリングスクールへ。勤めていた会社の統廃合による職場での人間関係悪化や長時間の通勤、やがて職場での向かい風も強くなり退職するも、体調面で再就職は無理と判断、カウンセラーとして起業。多くの女性の人生好転の役に立てていることが今では最高の喜びに。

名前 たかはしえりこ

収入と推移 ２０２４年上半期で昨年の売上の１５０％達成

開始時期と期間 ２０１７年開業、継続中

必要なものと関わった人数 ひとり起業で継続中

要したお金（コスト） 開業資金はほぼゼロ円。別途、勉強のための研修費に年間50万円程度

idea

新しい世界観を打ち出す！

得意なことや経験値を活かしたネタから**オリジナルの世界観を築き上げ、ありそうでなかったネタに昇華させているケースがあります。自分の世界観へ引きずり込むことができれば、マネされない**仕事モデルの完成です。

事例 38

色を使って売上アップ!? 色に特化したアドバイス

仕事内容 **色彩の先生／色彩心理効果で成約率を上げるエキスパート**

会社員時代に培った色彩と経済効果の知識と経験を活かし、主にハンドメイド作家さん向け「人気作家になる色彩講座」や「集客できるカラーコンサルティング」を実施。色の調合の仕方や、色の効果による人の心理、購買意欲の変化、さらにはカラーブランディングなど、色に特化したアドバイスを行う。最近ではSNS集客投稿の講座やチャットGPT講座なども実施。

名前 中塚 美絵

開始時期と期間 2023年1月から

必要なものと関わった人数 ひとり起業で継続中

要したお金（コスト） パソコンの購入費、月々の費用はWeb上の各種サービスの月額使用料

事例39 主に経営者や起業家向けのオリジナルマインドセットのセッション

仕事内容 **（社）日本マインドワーク協会代表理事／メンタルトレーナー**

紅茶やアロマを始め、元々はさまざまなスクールを開催。そんな中、マインドセット（思考のクセ）の相談を受けることが多く、20年前に催眠療法士の道へ。そこからマインドセットのプロとして活動を始め、オリジナル手法へと高めた「マインドワーク」を開発。一般人はもちろん、その他、経営者や起業家に向けてもワークを実施、これまで約3万人の心に関わる。

名前 濱田 恭子

収入と推移　前年比150％

開始時期と期間　起業から27年経過。30代でひとつ目の法人化

必要なものと関わった人数　最初はひとりで、現在は数名のスタッフを抱える

要したお金（コスト）　最初はお金がなく、何もないところからひとりでスタート

事例40　マイナス5キロの着痩せを実現、魔法のワンピース！

仕事内容　**（株）魔法のワンピース　代表取締役**

ダイエット不要、着るだけで見た目マイナス5キロを実現するワンピースの販売。単なる服屋でもない、ダイエットの講座でもない、新しい世界を演出。試着販売会ではどんな柄の、どんなワンピースを、どんなコーデで身につけると着痩せするのか、をレクチャーをしながら販売。海外仕入れの他、オリジナルデザインのワンピース制作も。2023年には書籍出版、2024年は逗子に店舗をオープン。

名前　ニー亜紀子

開始時期と期間　2018年個人事業開始、2022年法人化

必要なものと関わった人数　ひとり起業でスタート。2年目に代理店制度を導入。現在は10

名の代理店が存在

要したお金（コスト） 20万円の自己資金でスタート。現在、仕入れは月100万円程度

事例41 アメリカンヴィンテージのレトロな世界観をまとうジュエリー！

仕事内容 ジュエリークリエイター

オードリー・ヘップバーンやエリザベス・テイラーなどが活躍していた1950年代のレトロアメリカをモチーフにしたジュエリーを製作、世界に向けて販売。「その当時のファッションは年齢を重ねても女性を女性らしく、美しく、上品に輝かせるもの」との思いで、日々ジュエリーを製作。製作歴22年。

名前 和田 真巳

開始時期と期間 2021年1月8日～。エルヴィス・プレスリーの誕生日に起業

必要なものと関わった人数 ひとり起業

要したお金（コスト） ほぼゼロ円

事例42 独自の世界観で革財布を制作販売

仕事内容 **レザークリエイター**

40代向けの革小物、主に財布やカードケースなどを制作販売。他の作家が使わないような革を使ったり、オリジナルデザインを展開したりすることで独自の世界観を構築。カスタムオーダーにも対応。リピーターも多く百貨店でのポップアップストアも展開。

名前 Ｈ・Ｔ

収入と推移 コロナ禍前は年間４００万円、コロナで半減したものを現在回復へ向けて活動中

開始時期と期間 ２０１０年起業。現在も継続中

必要なものと関わった人数 ひとり起業でスタート。現在は営業全般を外注

要したお金（コスト） ゼロ円で開業。現在はランニングコストとして月20万円程度

変りダネ副収入の法則 5

共感の輪を広げて成功！

特別ニッチなことをやっているわけではないけれど、でもちょっと変わったこと？をしている人……もしかしたら一般的にはそう思われるかもしれない、そんな人にも、それを理解して共感してくれる人たちが現れ、そして増えていきます。それが今のSNS社会です。つまり**SNSを通してしっかり伝えたいことを伝える、やりたいことを伝える、使命感を伝える。そこに共感してくれる人が集まって、お仕事になっていく。**そんな流れを作ることが可能な時代なのです。

事例43 海岸で拾った貝殻や、ガラスのかけらでアクセサリー作り

仕事内容 ポケ海ハンドメイド作家

海の欠片（主に貝殻や珊瑚など）と電動工具ミニルーターを使った海ハンドメイド講

座を主宰。海ハンドメイド商品の販売。観光地や百貨店催事での販売も。きっかけは浜辺の環境破壊を知ったこと。海の欠片を浜辺で拾い集め、ハンドメイドで身近に感じられる作品に。たくさんの人に見てもらうことで、こんなかわいい生き物が海にいることを知って欲しいとの思いで活動は全国展開に。

名前　岡澤 鈴美

収入と推移　ほぼ前年比100％で推移

開始時期と期間　作品制作はずいぶん前から。講座は2015年から

必要なものと関わった人数　ひとり起業でスタート、現在はスタッフ2人

要したお金（コスト）　自己資金の範囲でスタート、現在ランニングコストは月15万円程度

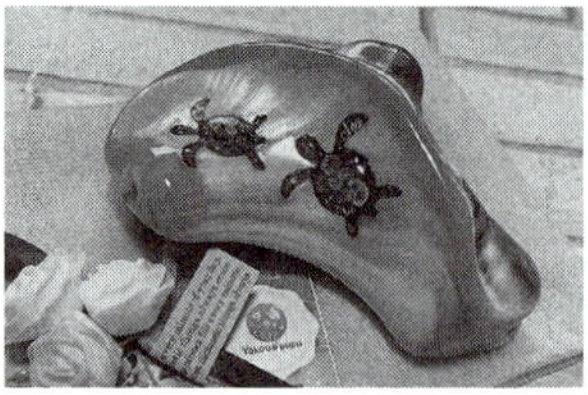

事例44　独特のセンスに共感続出、アイシングクッキー作家

仕事内容　**アイシングクッキー作家**

青森のおみやげ屋さんやイベントでアイシングクッキー（粉砂糖と卵白を混ぜて作っ

たアイシングクリームで絵や模様をほどこしたクッキー）を販売。ねぶたやりんごなど青森をモチーフにしたもの、季節や行事に関するアイシングクッキーを中心に、その他あまりアイシングクッキーにならないもの、例えば「ビキニ」や「合格お守り」「恐竜」など、独特のセンスでファンが拡大。

名前 西岡さくら

開始時期と期間 ２０１４年から教室、２０１６年から販売も開始

必要なものと関わった人数 ひとり起業

要したお金（コスト） 技術取得ための受講料と交通費。菓子製造業許可を取るための改装費

事例 45 ライブ配信で本音を届けて共感の嵐！ 夫婦再構築カウンセラー

仕事内容 **夫婦再構築カウンセラー**

不倫、別居、離婚宣告、モラハラなど夫婦関係の問題を抱えている女性に向けて、夫婦関係を再構築するためのスキルや知識をSNS経由で発信、個別のカウンセリングを

提供。主にライブ配信での本音トークが人気となり、共感を覚えた視聴者からの相談が絶えない。

名前 松澤きみえ

収入と推移 年収700万円

開始時期と期間 令和2年に起業して継続中

必要なものと関わった人数 ひとり起業

要したお金（コスト） ゼロ円起業。起業当初の預金残高は1万9600円

自分が楽しい！が成功の秘訣

副収入を作るために行動し続ける一番のエネルギーは、「楽しい！」という感覚です。これは17年以上この仕事をしていて私が確信している間違いのない事実です。**自分の「楽しい！」が人に伝わり、お客様も周りの人たちも「楽しい！」に巻き込まれていく。これが最高のモチベーションとなって、成果につながっていく**のです。

事例46 やりたいことしかやらない。ファンコミュニティ運営で楽しさ爆発！

仕事内容 **コミュニティ作りの専門家**

産後思うように会社勤めができず一念発起で起業。教室やサークルなど、オフラインコミュニティの運営からスタート、その後はオンラインでも。イベントやコミュニティ運営が楽しく「カラフルなアフロ＋豹柄衣装」を楽しんだり「鼻笛」を演奏したりと、さまざまな企画を次々繰り出してはファンが増え続け盛況に。やがてコミュニティ運営のコンサルティングも開始。

名前 中野 美紀子

開始時期と期間 2010年リアルの教室やサークルを、2014年からはオンラインでコミュニティを運営

必要なものと関わった人数 ひとり起業

要したお金(コスト) ゼロ円起業

事例47 いろいろな人と出会える楽しさがたまらない! 占い師起業

仕事内容 占い師

数秘術の他、タロットや手相鑑定も行う。占術を通じていろいろな人と出会うことが、何よりの楽しみ。また自分のペースで仕事を進め、家族の時間を大切にできること、自身の学びが多いこと、好きなこと、得意なことで「少しでも人のお役に立てている」と実感できることもこの仕事の良さと思っている。

名前 風灯(ふうひ)

開始時期と期間 ２０１６年から、現在も継続

必要なものと関わった人数 ひとり起業

要したお金（コスト） 自己資金でまかなえる範囲

事例48 作ることもデザインすることも、とにかく作るのが楽しい！

仕事内容 **コード結びアクセサリー作家 Sakurange**

コード（中国紐）に、ヴィンテージビーズやボタン、自然素材ビーズなどを組み合わせて結んでいく留金具なしのアクセサリーを制作。「ビーズ刺繍×結び」のマグネットタイプブローチ制作とレッスンも企画。ギャラリーでの展示会やイベント出展、ネットショップで1点物やキットを期間限定販売。作り方YouTubeチャンネルやオリジナル塗り絵イラストコラボメニューを開発、と常に動き続ける。

名前 市川さくら

収入と推移 月15万円～60万円（イベントの有無で変動）

開始時期と期間 教室を始めて24年目に突入

必要なものと関わった人数 ひとり起業。イベント時スタッフ1

人、ビーズマット製作ミシンスタッフ1人

要したお金（コスト） 自己資金でまかなえる範囲

事例49 リトミック教室からピアノ教室へ流れるように

仕事内容 谷口リリカピアノ教室主宰

乳幼児からシニアまで、あらゆる世代に向けて歌とピアノのレッスンを提供。大学生の時に自宅でピアノを教え始めたのをきっかけに、その楽しさから25年近く教室を継続。乳幼児用カリキュラムを導入した頃からWeb集客も実施。

名前 谷口リリカ

収入と推移 コロナ禍でも毎年前年比10～20％上昇中

開始時期と期間 教室を始めて24年目に突入

必要なものと関わった人数 ひとり起業。その後インスタグラム専属ライター1人、確定申告用記帳サービス1社、動画編集スタッフ3人、上級ピアノ講師1人、楽譜制作スタッフ1人

要したお金（コスト） 自己資金でまかなえる範囲

idea

こだわりが収入につながる！

こちらから「売れそうなもの」に寄せていくのではなく、自分がやりたいことにこだわって商品やサービスを提供することは、濃いファン客の獲得、そして収入につながっていきます。

こだわりポイントをいかに伝えていくかが重要です。

事例 50

どこまでもこだわるモリス生地で、布製品を手作り

仕事内容 洋裁・パッチワーク教室主宰／ブラウス作家

50代からの女性、初心者向けの洋裁・パッチワークのレッスンを、対面、オンライン、通信講座で展開。作品の販売も。ファンが多いモリス生地を使っての製作がメイン。会社勤めで仕事をしながら副業として両立。ハンドメイドマーケットアプリの特集掲

載時にはキャパを超えるオーダーが殺到。

名前 ぱくよんへ

開始時期と期間 ２０１８年から継続

必要なものと関わった人数 ひとり起業

要したお金（コスト） ホームページ開設30万円、ミシン購入15万円など

事例51 周りより高くてもオーダーが絶えない「アイシングクッキー」

仕事内容 **アイシングクッキー作家、起業コンサルタント、ブランディングプロデューサー**

とにかくデザインや世界観にこだわったアイシングクッキーを届ける。なかでも大手企業向けノベルティやメディア向け撮影用のクッキーデザインには定評がある。現在は菓子作家活動の他、起業家や経営者を対象にブランディング支援・コンサルティング事業を展開。

名前 さわたりゆうこ

開始時期と期間 ２０１１年起業、２０１５年に店舗オープン。２０２１年コンサルティング開始

必要なものと関わった人数　ひとり起業から始まり、その後スタッフ3～5名へ。コロナ禍を経てひとり体制に戻す

事例52　こだわりのウエディングドレスを手作りで！

仕事内容　**ウエディングドレスクリエイター・洋裁教室主宰**

内職でドレスを縫うところから始まり、その後独立、今では法人化。花嫁に向けた「母親が使ったウエディングドレス」のリメイクや、購入されたドレスの直し、オーダーでのドレス制作などを展開。近年、初心者向け洋裁教室を開講。手作りウエディングドレス教室も運営。

名前　橋本カズエ

収入と推移　洋裁教室は2年目で売上10倍に

開始時期と期間　2013年に個人事業として開始。2023年に法人化

必要なものと関わった人数　ひとり起業からスタート

要したお金（コスト） 自己資金でまかなえる範囲

事例53 どんなものでもかわいく仕上がる羊毛フェルト

仕事内容 **羊毛フェルト作家**

元々の物作り好きが高じて、羊毛フェルト制作に。2頭身にデフォルメした動物をメインに、こだわりのデザインを展開。かわいく癒されるマスコットを制作、作品はネットショップで販売。

名前 M・S

開始時期と期間 2011年

必要なものと関わった人数 ひとり起業

要したお金（コスト） 自己資金でまかなえる範囲

事例54

造花で編み上げるこだわりデザインの幸運リース！

仕事内容 フラワーリース作家

主に40〜50代女性向けに、アーティフィシャルフラワーリースをこだわりのデザインと開運カラーで制作、販売。リアルでの対面、またはブログ、FacebookやInstagramなどのSNSから受注。リピーターが多いのはこだわりデザインの満足度が高い証拠でもある。イベントで行うワークショップでは、参加者が絶えない。

名前 Fuuka Kayo

開始時期と期間 2016年から

必要なものと関わった人数 ひとり起業

要したお金（コスト） 自己資金でまかなえる範囲

結局「好き」がそのまま仕事に！

「好きだから仕事にする」ことが最高の流れで、この本のメインテーマとも言えます。**「儲かりそう」という理由で始める副業は十中八九、挫折します。好きじゃないことに情熱は注げないからです。**好きだからこそ、いろいろなアイデアを出すことができ、好きだからこそ継続できるのです。

事例55 単純に絵を描くのが好き、を公表したらお仕事に！

仕事内容 **お絵描き職人（イラストレーター）**

アイコンなどのイラスト、書籍のPOP、本の挿絵、販促イラスト、LINEスタンプ、エコバッグなどのグッズ制作も行う。またセミナーなどのグラフィックレコーディング（グラレコ）も得意。小さな頃から好きだったお絵描きが仕事になり、喜んでもらえる嬉しさに加えて、役立っているという充実感が加わった。グッズに関しては「こんなグッズ作れませんか?」という相談から始まったサービス。

名前 ホリベ ユカリ

収入と推移 対前年比3倍

開始時期と期間 2022年7月

必要なものと関わった人数 ひとり起業、お客様はすでに50名突破

要したお金(コスト) ほぼゼロ円。書籍1冊購入

事例56 大好きなシルバーや天然石でアートジュエリーを手作り!

仕事内容 アートジュエリー作家

メインとなるシルバーやゴールドなどの貴金属と、天然石や有機素材を合わせた手の

ひらに乗る立体造形のジュエリーを制作。コンテンポラリーデザインで、感性の合う人向けに制作。またラッキーカラーをテーマにした天然石などを使い、前向きな気持ちにしてくれるお守り的なジュエリーも制作。専門学校での講師も。

名前 井之内ひと美

開始時期と期間 20代前半で起業。約40年継続

必要なものと関わった人数 ひとり起業。作業工程を外注することも

要したお金（コスト） 自己資金でまかなえる範囲

事例57 好きだからこそ描き続けるチョークアート

仕事内容 **チョークアーティスト／チョークアート教室主宰**

教室では趣味で楽しみたい人からプロを目指す人まで、技術と楽しさを伝える。商業アートとしてお店の看板、店内ディスプレイ、結婚式のウェルカムボード、企業のチラシイラストなども受注、チョークアートで手がける。ショッピングモールなどのイベントでライブペイントやワークショップも実施、子供たちにアートの楽しさを伝える。メ

ディア取材多数。アートで地域の活性化に貢献することを目指す。

名前　I・H

収入と推移　月5万円～30万円（仕事内容で変動）

開始時期と期間　2012年から継続

必要なものと関わった人数　ひとり起業。大きな仕事は仲間やスクール卒業生と協力

要したお金（コスト）　自己資金でまかなえる範囲

事例58 物作りが好き！自分らしさを表現したくて出会った世界！

仕事内容　**グルーデコ＆グルー継ぎ講師、教室主催**

グルーデコとは接着にグルー（wGlue。エポキシパテと呼ばれる接着粘土）を使用して作るクラフトのこと。アクセサリーを中心に、立体物やアートまでさまざまな作品のレッスン、百貨店でのPOP UP、ホテルでの展示販売などを実施。また、このグルーを使った『モダン金継ぎ～グルー継ぎ～』（割れたり欠けたりした食器を美しく修復するハンドメイド）のワークショップも開催。サスティナブルなハンドメイド講師とし

て活動を広げている。

名前　尾上有紀子

開始時期と期間　2017年

必要なものと関わった人数　自宅サロンではひとり。百貨店やホテルでの販売は4～12名チーム

要したお金（コスト）　自己資金でまかなえる範囲

事例59　イタリア大好きから派生して経営者のメンター業へ

仕事内容　**経営者向けメンター**

イタリアが大好き！から始まり、語学教材販売、そして雑貨の直輸入のためイタリア行きを繰り返しているうちに五感トレーニングに出会う。そのままその道に入り、自己啓発アカデミーを主宰。主に経営者（40～60代女性）に向け、「洞察力アップ」「ネガティブ感情消去」といった方法のアドバイスなど、自分の感情や経験がビジネスや人間関係に現れるという内容の学びやセッションを提供。

名前　みゆき

収入と推移 月250万~300万円（起業当初から約8倍に）

開始時期と期間 2011年3月開業、法人化

必要なものと関わった人数 基本ひとり。業務によってスタッフ5~10名

要したお金（コスト） ほぼゼロ円からスタート

事例60 バッグもポーチも花デコで魅力アップ！ オリジナルメソッドで教室

仕事内容 **花デコ考案者**

カゴバックに花をデコレーションするスタイルが人気。他にもポーチや帽子、髪飾りやブローチなど、どんなものでも花で素敵にデコレーションしてしまうのが花デコ。お花の技術だけでなく販売やオンラインレッスンデビューも叶えるお花のオンライン講座も開講。

名前 たきむら ゆきこ

収入と推移 前年比2・5倍

開始時期と期間 2010年

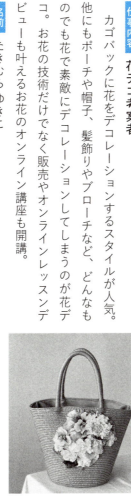

必要なものと関わった人数　ひとり起業からスタート

要したお金（コスト）　開業資金50万円程度

第8章

ネットにつながればどこでもできる！
【場所を選ばないWeb副業9つの法則】

Web副業も自分が楽しむ!!

インターネットが普及してから副業の幅は一気に広がりました。その中で今も昔も誰もが挑戦しやすいジャンルとして取り上げられるのが、**「アフィリエイト」「ネットオークション」「せどり」**といったジャンルです。

これらの副業は、一定のノウハウを学んでその通りにすれば、誰でもある程度の成果を出せるというメリットがあります。そのあたりの詳細は多くの専門書で解説されています。

ただ、これらの**Web副業は、誰でも気軽に取り組める反面、自分の好きなことや得意なこととつながっていないと楽しむことが難しいため、満足のいく成果が出る前に挫折してしまう人が多い**のも事実です。

例えば「ネットオークション」でも、何が売れ筋なのか、次に何が来るのか、といった情報をいち早く手に入れるのが得意な人、あるいはそういう情報収集が楽しいと感じる人は続きますが、そうでない人は途中で面倒くさくなって、あまり売れない商品をとりあえず出品、売れたとしても安値、といった取引しかできず、徒労に終わってしまうケースがあります。
同じように「アフィリエイト」も、紹介する商材に興味があるか、もしくは好きかどうかで、うまく紹介記事が書けるかどうかが変わりますし、それによって反応も変わり、成果が左右されます。「せどり」も好きなジャンルを扱うかどうかで成果は左右されます。

もちろんこれらのジャンルの副業が一概に良くないと言っているわけではありません。結局**どんなジャンルの副業に取り組むにしても、基本はやはり「その世界が好きかどうか」で結果が大きく左右される**ということなのです。

であれば、最初からあなたの好きなことや趣味や特技を活かした副業ができるように、アイデアを絞って取り組んだほうがいいですよね。

本章では、インターネットで場所を選ばずできる副業の中でも最近出てきた比較的新しいカテゴリで、あなただからできる、あなたらしさを活かした副業、を見ていきたいと思います。

idea

Web副業の法則 1

NFTアートは高値で売れる？ 誰もが気軽にアート販売できる時代に

デジタルの作品であるにもかかわらず、コピーできない（してもニセモノとわかる）ため、唯一無二の作品として取引される。誤解を恐れずに言えば、それが**NFT（データに改ざんできない証明書がついているようなもの）アート**です。

このNFTアートというものが登場した頃、小学生の描いた絵に数百万円の値がついて驚いた人もいるでしょう。絵に限らず「音声」が高値で取引された芸人の例や、有名ミュージシャンが楽曲を「1音」ずつに分けて販売し、即完売してしまった例もありました。NFTアートは「もしかすると私も」、とちょっとした夢を見せてくれたのです。

それまでアートというジャンルは、ある一定の人の作品が売買される世界で素人が簡単には参入できないイメージがありました。ところがそのイメージをNFTアートが一変させました。

とは言え、当初は仮想通貨やウォレット、ガス代（手数料）といった知識も必要で、簡単にNFTアートを楽しむことはできなかったのですが、今ではクレジットカードで、しかも日本円で取引できるプラットフォームも登場するなど、参加ハードルはとても下がりました。**誰もが簡単に、デジタルで描いた絵や録音した音（音声）を出品したり、買ったりできる、**そんな環境が整ったのです。

事例61 タブレットで気軽に描いて、気軽に販売

私自身、絵を描くのが好きということもあって、NFTアートの出現は衝撃的でした。それまで絵を描くのが好きと言っても、実際に描いた絵を売った経験はありませんでした。また、タブレットで気軽に描いた絵はデジタルで簡単にコピペできるので、それを売るという感覚もありませんでした。過去には「Webサイトに使うイラストを描いて欲しい」と頼まれて少し仕事をしたことはありますが、絵を売るという感覚とは程遠いものでした。

そんな中で現れたNFTアートという世界。早速デジタルで描いた絵を販売してみること

にしたのです。

1作品目はオークション形式で出品。1000円スタートで最終的には7000円で落札されました。あとで聞くと落札してくれたのは知人だったのですが、それでも自分の絵が売れるという感覚は嬉しかったものです。しかもデジタルです。**キャンバスに描く絵と比べると圧倒的に短時間で描ける上、何度でも修正して納得の行く作品に仕上げることができます。**

それ以降は定価での出品を続けていますが、どれも1000円や2000円で売れていきます。安いと言えば安いのですが、それでも好きで描いた絵に値段がついて売れていくというのは嬉しく、楽しいものです。それが副収入を生んでくれるのですからなおさらです。好きな人はたくさん描いてたくさん出品すれば、それだけ売れる確率も売れる数も増えていくはずなので、アート好きの方にはお勧めの副業のひとつと言えるでしょう。

また、転売も可能なところがNFTアートの特徴のひとつでもあります。リアルで描いたアートの世界でも投資家が買って、値が上がったところで売るということが普通にありますよね。それが今までのデジタルアートにはできなかったことなのですが、NFTアートはそれを可能にしました。

買った人はＮＦＴアートのプラットフォーム上で、買った価格より高く転売することが可能です。そして**転売の際、その売上の数％が元の作家に還元される**という点は、逆にリアルの絵画では実現できなかったことでした。

事例62 自分で無理なら、自動で作る

とは言え、私には絵を描くセンスもなければ、デザインも無理、売れるような音楽を作るのも無理だし、素敵な声をしているわけでもない…やっぱりＮＦＴアートは自分には関係がない…と思う人も多いのではないでしょうか。

いえいえ、今や生成ＡＩの時代です。画像やデザインはおろか、作曲をしてくれるものもありますし、動画を作成してくれるものもあります。画像も写実的なものからアニメチックなもの、漫画的イラストまで、さまざまなタッチで作り上げてくれます。あとは質問力や指示力を磨いて、より理想の作品を作れるように生成ＡＩを使いこなせば、あなたにもＮＦＴアートを制作・販売できる可能性が広がるのです。

ただ、生成された作品には、そのまま販売して良いものと著作権的にNGなものがあり、そのルールは各生成ＡＩのシステムによって異なるので、事前に確認が必要です。

実際に生成ＡＩで生成したイラストや音楽をＮＦＴにして販売、収入を得ている人は大勢います。一度ＮＦＴアートの販売サイトを訪れてみてください。**探せば探すほど、「こんなのも売っていいんだ」という発見があるはず**です。

極論すると、ＡＩに作ってもらわなくても、落描きのように簡単なイラストを試しに販売してみてもいいのです。変な曲を作ってみてもいいのです。自由に表現していいのがアートですから、こうでなきゃダメ、うまくないとダメ、という思考の枠は取っ払ってみましょう。**AIに生成してもらうにしても、変な作品でもいいのです。どんな仕上がりでも、アートだと感じればアートなのです。**もしかしたら売れてしまう可能性だってゼロではありませんから。

Web副業の法則 2

メタバースの世界はどこまでも広い。仮想空間であなたは何をする？

「メタバース」。いわゆるオンライン上に広がる仮想空間のことです。この世界はどこまでも広く、どこまでも可能性に満ちています。よくわからないと敬遠する人も多いようですが、あまり毛嫌いせずに、試しにメタバースの世界をうろついてみることをお勧めします。

「アバター」というデジタル世界での自分の分身を操って、仮想空間をうろつく。それだけで難しそうなイメージがつきまといますが、例えばオンラインゲーム上で、世界のユーザーと出会ったりコミュニケーションをしたりしながらゲームの世界をうろうろするのも、一種のメタバースです。

もっと広い意味で捉えると、仮想空間で会議をするZoom上で、アバターを使い、画面もバーチャル会議室などを使えば、一種のメタバース空間と言えるかもしれません。また、

Google Earthという、世界中のいろいろなところを訪れたかのように動き回れるサービスもその一種と言えそうです。

つまり、**あまり難しく考えなくても「仮想空間」はもはや身近に存在している**ものだということですね。

ただ、それを収入につなげるとするとどんな方法があるのか？　ですね。皆さんがニュースで聞いたことがある話では、メタバース空間の土地の売買や、広告（看板）の設置での収益化などではないでしょうか。これだと私たち個人が実践するにはちょっとハードルが高そうです。もっと簡単に、そして誰もができそうな副収入の生み方を見てみましょう。

事例63　どこからでも参加可能なイベント開催

私自身、実はコロナ前まで、「趣味起業ＥＸＰＯ」というイベントを東京や大阪でリアル開催していました。さまざまな趣味起業を実践している人たちがブースを出店して、訪れる人たちは「こんな仕事があるんだ」という驚きとともに、楽しくブースを回るというインベントです。

大人はもちろん、子供たちにとっても「面白いことを楽しそうにやっている大人」を見られる良い機会でした。

それがコロナで開催が不可能になったときから、その**イベントをオンラインに切り替えたのです。そのときの場所に選んだのがメタバース空間でした。**

それも3D空間に繰り広げられる難しそうなメタバースではなく、昔のロールプレイングゲームの世界観のような、2次元でのメタバースです。

出店者の皆さんは2次元メタバース空間内でブースを出店して、来場者の人たちはPCやスマートフォンの画面上で会場をうろうろします。お互いのコミュニケーションは音声でもチャットでもできて、リンクを張ればブースからWebショップを見てもらうこともできます。その場でカウンセリングやセミナー開催も可能です。

主催者側のメリットとしては、会場費がリアル会場に比べて格段に安いこと、そしてイベントが天候に左右されないこと、などです。

デメリットは、メタバースに抵抗感を示す人は来てくれないこと、来場してくれても操作に慣れるまで動き方がわからないこと、などでした。

とは言え、世界中どこからでも参加できて、お子様連れやペット同伴も問題なく、何ならお出かけ先でのちょっと休憩のカフェタイムに会場を覗くことだって可能という、参加者側にも大きなメリットがあります。パジャマのままで訪問することもできますし、ノーメイクや寝癖のままでも大丈夫なのです。

また出店者にとっても、ブースの設営や搬入という大変な作業も必要なくなり、身体的に楽になるというメリットがあります。

肝心の収入ですが、私は主催者側でしたので、ブース出店してくださる方々の出店料が主な収入になり、出店者さんは、自分のブースでの売上が収入となりました。

リアル会場での開催はかなり準備が大変でコストもかかるので、このイベントのやり方を知ってしまうと、リアルに戻るのは難しいかもしれません。

いえいえ、**もちろんリアルでこそできる交流や、リアルだからこそ楽しめる企画もあるので、実際にはどちらも開催していくことになるでしょうね。**

事例64 メタバース内で商品販売

メタバース空間を使って、商品の展示会を行い、その場で販売という方法で収入を得ている人がいます。例えば美術館を設置、そこで個展を開催、ＮＦＴアートを売ることもあればリアルの作品を売るケースもあります。展示されている作品から決済画面にリンクが張られていて、そこに進んで購入するという流れですね。

ちなみに人通りの多い場所に美術館を作って、アーティストに貸し出している人はそれで収入を得ていますし、自分で作ったメタバース空間にオリジナルの展示室を作って作品を展示して販売している人もいます。この場合は自分のＳＮＳなどでそこにアクセスを流す必要がありますが、場所代を払わなくてもいいというメリットもあります。

講演家やセミナー講師にとっては、そのコンテンツが商品なわけですが、彼らもわざわざメタバース空間を使って講演会やセミナーをする場合があります。**普通にオンラインセミナーやライブ配信をしてもいいものを、あえてメタバースを使って行う意味のひとつに、会場**

の盛り上がりという点が挙げられます。大きなステージ、立派な照明、派手なタイトルビジョン、まるで大きなホールで一流アーティストがライブを行うような演出も、メタバースなら比較的簡単に可能となります。

そんな会場で、いつもの自分よりカッコいいアバターで登場して、そして実際に大勢の聴衆が目の前にいるかのように、たくさんの参加者のアバターが会場を埋めている…。このいつもと違う感覚で講演することは、きっと話す側もテンションが上がることでしょう。

こんなふうに、どんなジャンルの副業に取り組むとしても、メタバース空間をうまく使うと、ローコストで、天候に左右されず、身なりも気にせず、どこにいても収益化が可能になるのです。

Web副業の法則 3

場所を選ばないオンライン講座で あなたも講師デビュー

さて、メタバースの魅力をお話ししたばかりですが、そこまで凝ったことをしなくても、と言うあなたには、もっと簡単に、オンライン通話システムなどを使ったオンライン講座の開催をお勧めします。

そうは言っても、私にはそんな講座をするほどのネタがない、と言う人もいるでしょう。
ここで「はじめに」でお伝えした「**ぶさいくスタート**」のことを思い出してください。
何か特別に秀でた特技がないとダメとか、何か人より深い造詣《ぞうけい》を持っていないとダメだと思い込んでいませんか？

ちょっとだけ好き、ちょっとだけ詳しい、でもいいのです。超初心者向けの講座を開催したり、超初心者向けのレッスンを実施したりすればいいのです。

あまり難しく考えないで、何か簡単に開催できそうなオンライン講座がないかを考えてみましょう。

事例65 勉強会という名の講座を開催

それこそ、メタバースが話題になりかけた頃の話です。みんな気になっているけどよくわからない。そんなとき、私は、「僕もよくわからないので、みんなでメタバースにお出かけしてあれこれ試してみませんか？」と呼びかけ、**超々初心者向けの「勉強会」、いいえ「体験会」、いいえ「大人の遠足」というものを開催した**のです。

このとき、主催料という名目で「おひとり1000円だけお支払いくださいね」と言って、参加費を集めました。確か20人くらい参加したので2万円の副収入です。ちなみにやったことは、私も含めてみんなでメタバース内をうろうろして、わかったことをああだこうだと言い合うだけのイベントです。

それでも参加者の皆さんは、ひとりだと勇気が出なかったけど、みんなでうろうろできて楽しかった！と喜んでいました。

こんなふうに、自分にはネタがないと思っていても、興味があることをネタにして、「みんなで学びましょう！」と呼びかけ、その場作りをすることでも、副収入が得られるのです。

あなたが今、興味があって、みんなで一緒に学んでみたいことは何でしょう？　それをオンラインで一緒に勉強してみるという発想で考えてみてくださいね。

事例66　流行りのアプリを使えるようになったので、使いたい人に教えます

今の時代、次々と便利なアプリやサービスサイトが登場します。そして多くの人が使いたくなるものは人気アプリとなり、その詳しい使い方を知りたい人が増えるのです。InstagramやTiktokなども相変わらず人気のアプリです。

そうしたアプリの使い方を少しでも早くマスターした人は、教えて欲しい人に向けて講座を開催することが可能になります。

人気のアプリ（サービスサイト）にCanvaというものがあります。ＳＮＳの投稿に使う画像や、ブログやホームページのヘッダ画像、チラシのデザインやＷｅｂサイトそのものを作れます。

慣れると、あっという間に自分好みのチラシやSNS投稿のデザインができてしまうので、このアプリを使いこないしたい人が急増中なのです。

少しでも使える人は、これから学びたい人にCanvaを教えるチャンスですよね。実際にその講座を開催して喜ばれながら収入を得ている人がいます。

仕事内容　**イメージアートクリエイター／継続習慣サポート／ペット環境アドバイザー**

イメージアートクリエイターとして、Canvaでの画像やCapCutでの動画制作提供、オンラインでCanva講座の開催。デザインを気に入ってもらえて、そこから仕事を依頼されるように。元々苦手だったことが、やがて自分の得意になり、そこから仕事につながったことが、自分でも驚きであり、喜びに。

名前　坂本 朝美

開始時期と期間　2023年

必要なものと関わった人数　ひとり起業でスタート

要したお金（コスト）　ほぼゼロ円

事例67 ハンドメイドのレッスンもオンラインで完結

あなたが**普段、何かしらの教室やレッスンをしているなら、それをオンライン化できないかを考えてみてください。**多くの方は「細かいところが伝わらない」「手もとを映せない」といった理由でオンライン化をあきらめてしまいます。

でも本当にそうでしょうか。別の章でも書きましたが、常に「どうしたらできる?」という思考回路はとても大切です。あきらめてしまえばそこで終わり。でも「どうしたら?」と考えると先へ進めるのです。

多くの方があきらめる反面、実際にそうしてレッスンのオンライン化に成功している人も大勢います。パステルアートのレッスンやＩＳＤ個性心理学（動物占い）のセッションなどをされている方の例を見てみましょう。

仕事内容 パステル和（NAGOMI）アート公認インストラクター、曼荼羅アートアーティスト、ISD個性心理学インストラクター、イベント企画主催（講演会・展示会など）

自宅アトリエ及びZoomにて各絵の指導・講座セッションなどを行う。公共施設などの出張ワークショップ開催、展示会・講演会主催・各イベント出店など活動中。

2013年より天使のサンキャッチャーを製作販売開始。それをきっかけにカラーに興味が湧き、カラーセラピストを取得のあと、パステル和（NAGOMI）アートに出会う。資格取得及び講座受講などを経てアーティスト活動開始及び指導者に。口コミで広がった教室などの生徒は延べ1000人を超え、2014年より毎年開催されている展示会では延べ1200人以上の来場者を集める。

名前 Anela 谷山あかり

収入と推移 年商10~40万円

開始時期と期間 2013年頃から

必要なものと関わった人数 ひとり起業でスタート

要したお金（コスト） 30万円程度

Web副業の法則 4

デザインをノーリスクで商品化。ドロップシッピングで無在庫販売

自分のオリジナルデザインをドロップシッピングのサービスサイトにアップロードすれば、マグカップやTシャツ、文具などさまざまなオリジナル商品をオンラインで販売することができます。デザインセンスがないという人は、文字でも写真でも構いません。

在庫を持つ必要もなく、初期投資も必要ありません。そのため誰もが参加しやすいビジネスモデルでもあります。Webショップに注文が入った段階で自動的に商品メーカー側にもオーダー内容が届き、あとは梱包から発送まですべてやってくれます。**オリジナル商品をノーリスクで売ってみたい人に向いている**副業ですね。

ただし、デザインデータをアップロードしたあと、放って置いても注文が入ることはまずありません。あなたがよほど有名なデザイナーか、あるいはデザインセンスが良くて人目を引き、気に入られないと難しいでしょう。

そんな中で、ドロップシッピングを活用して収入を生み出すには、第2章でお伝えした、「副収入を作る4つのステップ」を実践するのが一番の近道です。

もしくは、より多くのお客様が訪れる場所（オンライン上）で販売をすることです。ちょっとその事例を見てみましょう。

事例68 某有名衣料販売会社でオリジナルデザインTシャツを販売

オリジナルデザインの商品を製作販売できるドロップシッピングサイトはたくさんありますが、その中でも有名企業として参入しているのがあのユニクロ（ファーストリテイリング）です。オリジナルデザインをアップロード、審査に通れば、ユニクロの専用サイトで販売が可能になります。誰もが知っている会社で売られるTシャツなので、品質も安心。そして自分で集客しなくても、多くのお客様が訪れるサイトなので、目立つことができると売れる可能性も高くなります。

そこで自社のデザイン部門を設立し、ユニクロとアマゾンの審査を通してドロップシッピングサイトでTシャツの販売を行った美容師がいます。元々デザインの仕事もされていたところから、前述のCanvaを使いこなし、その使い方講座も開催しつつ、ご自身でもデザインをアップロードして販売をしているのです。

仕事内容　Canva Design Lab. 代表

コロナ禍で美容室を2ヶ月休むことになったことをきっかけに、Canvaを使ったデザイン講座を開始。ＳＮＳサムネイルやチラシデザインなどをもっと素敵に作りたい人に向けての基礎講座や驚くような活用方法、マネタイズ術などを提供。

そんな中、自身がデザインしたTシャツ販売も実施。ユニクロでの販売、そしてついにはAmazonUSAでコンテンツクリエイターとしての契約を勝ち取り、世界7ヶ国でデザインTシャツの販売もスタート。

名前　ミッキー石田

収入と推移　対前年比１０５％

開始時期と期間　起業から４年経過

必要なものと関わった人数　ひとりからスタート、現在は7名のデザイナーとともに活動

要したお金（コスト）　約４万円でスタート。ランニングコストは月４０００円程度

事例69 ノベルティ制作でメイン商品の売上をあと押し

ここで言うドロップシッピングとは異なりますが、オリジナルデータさえあれば、独自の商品を作れるサービスはさまざまあります。

文房具やお菓子、衣料や食品と、そのジャンルも多様です。例えばオリジナルチョコレートやカレンダーなどが有名です。変わったところではオリジナル切手の制作サービスもあります。

これらがドロップシッピングと異なる点は、最小注文単位が決まっていて、買い取り、つまり在庫が発生するというところです。そして**販売向けではなく、ノベルティグッズとして、宣伝やブランディングのために無料で配布するのが一般的な使い方**です。

ですので、**作ったグッズそのものを売って収入を得ることはできませんが、あなたが普段販売している商品に、特典やプレゼントとして付けることで売上を伸ばし、収入を増やすことは可能になる**でしょう。

私も絵本作家として描いているキャラクターの切手を作って、書籍購入の特典にしたことがあります。ある程度購入してくださる方が増えて、収入アップにはつながりますが、それ以上に面白さがあるので、ただ売上だけのことを考えるより、その先のブランディングやファン作りといった意味で制作するのであればお勧めです。

Web副業の法則 5

電子書籍で著者デビュー。あなたのコンテンツが世界に広がる

昔は、電子書籍といっても単純にPDFデータを販売するだけで、そこには若干の怪しさが漂うこともありましたし、何より自力で販売しなければなかなか売ることも難しかったものです。

しかし、AmazonのKindleを始め、さまざまな電子書籍販売のプラットフォームが登場したことと、読むためのデバイスも充実したことで、誰もが簡単に電子書籍に慣れ親しみ、気軽に売ったり買ったりできる時代になりました。

そしてその書籍の内容も、テキスト（文章）はもちろん、漫画や写真集など、幅広いジャンルのものが楽しめるようになったのです。

と言うことは、**文章を書くのが得意なら文章で、絵を描けるのであれば絵で、写真が得意なら写真でと、まさしくあなたの得意な分野で電子書籍の出版ができてしまう**わけです。そ

してあなたの作品が売れる度に、印税収入が発生することになります。

もちろん、出せば売れるというものではないので、出版の際のテーマ選びから内容の企画についてては精査する必要があります。でも、長く売れ続ける作品を作ることができれば、一度作った電子書籍がずっと収入をもたらしてくれるので、可能性の広がる副業のひとつと言えるでしょう。

事例70 ChatGPTを使ってスピーディに電子書籍デビュー

電子書籍出版に興味はあるけど、文章がなかなか書けない、書くのは苦手ではないけどネタ探しも難しそうだし、たくさんの文章を書くとなるとちょっと……と感じている人も多いのではないでしょうか。

そうした問題を解決する可能性を秘めているもののひとつにChatGPTがあります。それにいち早く目をつけて、素早く電子書籍の出版に乗り出した人がいます。

書籍そのもののネタはご自身の経験からきたものですが、電子書籍化までのスピードがものすごく早かったのです。

仕事内容　LINE公式運用コンサルタント＆ChatGPTセミナー講師
2022年11月のChatGPTの登場に衝撃を受け、「すべての人に使って欲しい」と考え、すぐに準備開始。2023年11月26日には脳梗塞で倒れ、そこからわずか3ヶ月のリハビリで回復。その後ChatGPTセミナーを2024年2月に開始、6月には脳梗塞の経験をKindleで電子書籍出版というスピード。ChatGPTを活用したことでの短時間開講、短時間出版となる。

名前　黒米高広

収入と推移　月数万円

開始時期と期間　2024年2月

必要なものと関わった人数　ひとり起業でスタート

要したお金（コスト）　パソコン代など開業資金は約60万円、ランニングコストは月2万円程度

事例71　電子書籍の出版から販売までをアドバイス

電子書籍は、単純に自分が書きたいことを本にするというだけでなく、その出版によって

広く自分の存在を知ってもらうこと、そしてその電子書籍から自分のSNSへ導線を作って、フォロワーやファンを増やすこともできるなど、さまざまな可能性を秘めています。その可能性に気づいた人たちを始め、多くの方が今では電子書籍出版に興味を持ち始めています。

自身も電子書籍出版を実践しつつ、その方法を教えることを仕事にしている人がいます。

仕事内容 **女性のための好きなこと起業コーチ**

好きな事で起業したい女性のためのKindle出版コンサルティング、AI画像で作る絵本のKindle出版コンサル、運気UPカードリーディング講座、セッションを提供。好きなことで起業したい方に向けたKindle本を自身で出版、カードリーディングのライブ配信などをして販路を開拓。Kindle本、TikTokからメールマガジンに登録してもらい、そのメルマガ内で講座の案内を実施。講座の販売から実施まで、すべてオンラインで行う。

名前 望月紀子

収入と推移 月数万円〜50万円

開始時期と期間 コーチングは2005年から、その後カードリーディング、電子書籍出版と拡大

必要なものと関わった人数 ひとり起業でスタート

idea

Web副業の法則 6

配信で稼ぐ？ ライブ配信がお金に変わる仕組み

インターネット環境が整っていること、そしてPCやスマートフォンの性能が向上したこと、配信アプリが増えたことで、誰もが気軽にどこでも簡単にライブ配信できる時代になりました。

ライブ配信というと動画のイメージがあるかもしれませんが、音声だけでも配信は可能です。コロナ禍に爆発的な人気を博したあのclubhouseも音声だけで配信ができるアプリです。音声で配信ができるということで、ライブ配信のハードルも一気に下がり、多くの人がその可能性を実感されたのではないでしょうか。

かくいう私もclubhouseで音声配信をした結果、広がった人脈や収入の増加の恩恵は計り知れません。多くの人が人と会わず収入も激減していたあのコロナ禍にもかかわらず、です。

もちろん、私は今でもclubhouseを使っていて、ファン作りに役立てています。「え、まだやっている人いるの?」と言われることも多いのですが、これはclubhouseに限ったことではなく、「ブログはもうオワコンだ」とか「メルマガはもう古い」と、いつの時代でも、何かに対して異を唱える人は一定数います。

でも、この書籍内で何度もお伝えしている通り、**あなたが使っていて楽しい、気持ちがいい、使いやすい、そんなSNSを使うべきであって、他人の意見は気にしなくていいのです。実際、オワコンと言われるブログで仕事を取り続けている人はいます**し(参照『バズる!ハマる!売れる!集まる!「WEB文章術」プロの仕掛け66』日本実業出版社)、私もメルマガは使い続けていてきちんと成果につながっています。

例のclubhouseで言うと、私の大好きな番組『耳で読むビジネス書(耳ビジ)』は平日、毎朝200人が聞きに来る人気番組で、MCを務めるナレーターの下間都代子さんはその人気から今年(2024年)初出版を実現されたほどです(『「この人なら!」と秒で信頼される声と話し方』日本実業出版社)。**それだけライブ配信には可能性が秘められているということですね。**

では、実際にどんなふうにライブ配信から収入を得ることができているのでしょう。次の事例を参考にしてください。

事例72 配信から直接ものが売れる？

例えば前述の望月紀子さん（事例71、320P参照）。電子書籍のアドバイザーとしてご紹介しましたがその講座とは別に、カードリーディングの講座も開催されていて、それらの講座を行うために前段階としてTikTokでのライブ配信を実施されています。

ライブ配信を見た人がメールマガジンに登録し、そこから講座に参加されるという流れを作っています。言ってみれば、ライブ配信から収入を生み出している例と言えるでしょう。

他にもそのような例はたくさんあります。例えばあるハンドメイド作家は、clubhouseで作品の魅力を伝えつつ、並行してリンク先のInstagramで写真を見てもらい、気に入った方がオンラインショップに進んで作品を購入、という流れを作っています。

チャットにコメントがリアルタイムで入るので、作品の人気ぶりが目に見えて、多くの人の購買欲をそそるのも特徴です。

そして**これらの流れを仕組みにしてプラットフォーム化したものが「ライブコマース」で**

す。**ライブ配信しながら販売することに特化したもの**で、ハンドメイド作品の販売や仕入れて売る商品の販売、あるいは農家の方が野菜を販売するなど、さまざまな商品の販売が行われています。いわば個人が行うテレビショッピングですね。

こんなふうにライブ配信で商品を売るというスタイルは今後も伸びていくでしょう。

事例73 ライブ配信そのものが収入になる

では、売るものがない人にとって、ライブ配信で収入を作ることは不可能なのでしょうか。そんなことはありません。多くのライブ配信スタンドでは「**投げ銭**」というシステムを備えています。

「投げ銭」は配信を見ている人が、感動したり、ためになったと感じたり、単純に癒やされたりなど、感情が動いたときに配信者に対して投げ銭ができる仕組みです。と言っても実際に小銭を投げることはできないので、配信者に対して「アメ」「プレゼント」「ハートマーク」と言ったアイテムを送るのです。

それを送るために視聴者は、実際にお金を使ってコインやポイントを購入(つまり課金)しておく必要があります。**受け取った配信者は送られたアイテムの種類や数によってコイン**

やポイントが貯まる仕組みです。ライブ配信スタンドによって少しずつシステムが違ってはいますが、おおよそ、そのような仕組みで配信者は収入を得ることができます。つまり、配信者は売りものがなくても、トーク次第で稼げるということなのです。

ちなみに、事例５（１２６Ｐ参照）でご紹介した、ボイストレーナーの三浦人美（みうらひとみ）さんは、現役のアーティストとしてステージに立つことも多い方です。その三浦さんは事例63（３０２Ｐ参照）で紹介したイベント「趣味起業ＥＸＰＯオンライン」のメタバース内で、仮想ライブを開催しました。**２次元メタバースの世界で二頭身のキャラクターになった三浦さんは、自分のブース内で歌を披露、その視聴料金を投げ銭制にした**のです。

ブース内の掲示板に５００円、１０００円、３０００円などの決済フォームリンクを張って、「歌を聞いて良かったと思ってくださった方は、お好きな金額でクレジット決済してください」という手作りの投げ銭システムです。

趣味起業ＥＸＰＯのブースではずっとボイスレッスンを行っていたのですが、最終日の最後に歌うことを思いつかれ、急に開催されました。急なイベントだったにもかかわらず大盛況の配信となったのです。私も素敵な歌声に投げ銭をしたひとりです。

こんなふうに、ライブ配信も視野を広げて考えると、さまざまな方法で収入につなげることができると感じていただけたのではないでしょうか。あとはあなたのアイデア次第ですね！

Web副業の法則 7

idea

AIが動く、話す、だからあなたは表に出なくていいのです

画像も動画も文章も、今やあらゆるところにAIが進出して、自分でやらなくても、あるいは人にお願いしなくても、一定の仕事を進められるようになりました。

そんなAIをうまく使って自分の仕事を効率化するだけでなく、自ら新しい仕事を生み出し収入を得ている人がいます。**AIを使った効率化で時間を生み出し、その時間を活かしてさらにAIを使った新しい仕事に取り組む。そんな流れがスタンダードになる**のかもしれませんね。

事例74　デジタル読み聞かせで歴史グッズ販売へ

城跡が好きというとんでもないネタで収入を生み出している原さん（事例16参照、170P参照）が、新たなプロジェクトに取り組んでいます。

地元の歴史に関する小説を、著者の許可を得た上でAIに読み聞かせをしてもらうというものです。**その読み聞かせはYouTubeにアップして誰もが聞ける状態に。そしてそこから地元の歴史グッズ販売につなげる**という流れです。

そのAI読み聞かせを私も聞きましたが、あまりにも流暢な読み方に「本当にAIですか？」と疑ってしまったほどです。AIの性能もそこまでアップしているのですね。これを違和感なく視聴した人が、その地方の歴史に興味を持ち、サイトに移動して、グッズ購入に至るというわけです。こういうことを思いつく原さんの発想もすごいのですが、実現してしまう行動力に脱帽です。

事例75 あなたの代わりにアバターが動いて話す

ライブ配信で収入を生み出せるという話を前述しましたが、その**ライブ配信で顔出しをしたくない人が、自分の分身となるアバターを使って配信する方法があります**。もはや一般語化しつつあるYouTuber（ユーチューバー）という言葉に対して、バーチャルの姿で配信する人という意味で**VTuber**（ブイチューバー）と呼ばれています。

とは言え、誰もが簡単にできるかというと、初心者にとってはなかなか高いハードルであることは間違いありません。どうやってアバターを作ればいいのか、そのアバターを使ってどう配信すればいいのかなど、悩みどころはいっぱいです。

そのお手伝いを仕事のひとつにしている人がいます。

仕事内容 AI動画×音声でファン作りの専門家

顔出しが苦手な方の認知活動やファン作りをサポート。寄り添って伴走したいという思いからサービスを開始。具体的には、音声配信とAIアバター生成の講座や代行サービスを提供。販売方法はオンラインのみ。それとは別に、毎年11月3日には「日本一早い忘年会」と称して、1年間頑張ったことを褒め、夢を応援する場となるイベントを開催。このイベントを通して、多くの人が自身の成長と夢を共有できる場を提供し続けている（2024年11月3日に15回目の開催）。

名前 中井純子（ナカジュン）

収入と推移 対前年150％

必要なものと関わった人数 ひとり起業でスタート

要したお金（コスト） 認定講師受講

Web副業の法則 8

AIにも負けない？ Web記事専門のライティング

今やAIがとても自然な文章を一瞬にして書いてくれる時代です。それでも人間が書いた文章には、執筆者の人となりが溢れていますし、感動やユーモアを運んでくれるのも人間が書いた文章です。だからその文章は素晴らしいコンテンツになり得るのです。

例えば、「やってみた」の体験談や「食べてみた」の食レポなどは、本人でないと書けないエッセンスがそこに含まれるので、AIにはマネができない領域です。美術展の感想、スイーツ店の取材、音楽フェスやスポーツ大会の熱気を速報で伝える記事などもそうですね。

実際、Web雑誌やニュースサイト、まとめサイトでは、多くのライターが活躍しています。もちろん本業としてライティングをしている人もいますが、副業的に仕事をしている人も大勢います。

事例76 「文章が得意×好きなこと」がWebで収入を作るチャンス

もしあなたが、文章を書くことが得意で、加えて何か得意なジャンルがあるなら、ライターとしての仕事を得ることができるかもしれません。**一度、そういう目線でWebニュースをチェックしてみてください。**「こんな狭いカテゴリでライターのお仕事をしている人がいるんだ」という発見があるでしょう。

和菓子専門の試食記事、テーマパーク専門のアトラクション体験記事、アニメ映画の感想専門記事、とにかく**何かしらあなたが得意なジャンル、好きなカテゴリを見つけ、「文章×好きなこと」での仕事を目指してみてもいいでしょう。**

ちなみに私は、某ニュースサイトで、副業や起業をテーマに、実際の事例＋インタビューの記事を連載して、本業のコンサルティングの仕事とは別の収入のひとつになっています。

私の場合はすでにそのカテゴリで出版をしているので、書籍を見つけて仕事のオファーということが多いのですが、そうではない場合はやはり、**ブログやSNSで好きなことや得意**

なことを発信し続けること、そこで文章力もしっかりアピールできていることが、仕事につながる行動の第一歩でしょう。

そして大切なのは、あなたが「ライターとしての仕事依頼を受け付けている」ということがわかるように明記しておくことです。

「お仕事の依頼はDMで」や「お仕事の依頼はこちらから」とお問い合わせフォームを設置しておくなど、わかりやすい工夫をしておきましょう。

黙っていてもそこから次々仕事がやってくるわけではありません。いかに普段のSNS発信が多くの人の目に触れるかを工夫したり（第2章を参照）、あるいは自ら仕事を探してサイト運営者にアプローチしたりすることも大切です。

Web副業の法則 9

まだまだある！オンラインでできるお仕事いろいろ

ここまで、場所を選ばない副業として、オンラインで完結できるものをいくつか紹介しました。挙げだすとキリがないくらい、今の時代は**オンラインでできることが増えています。アイデア次第でどんなことでもオンライン化が可能なのです。**

ただ、これをもう少し広い意味で捉え直してみると、あなた、つまり仕事をする側の人が場所を選ばずオンラインで完結する、ということ以外に、お客様のほうが場所を選ばずオンラインで完結するという意味も見えてきます。

例えば、**コロナ禍から注目され始めたオンラインツアーなどは、提供する側はリアル観光地に赴いて動くことになりますが、参加者はオンラインで完結できるという事例ですね。**

音楽フェスをオンラインで開催するという例もありますし、サーカスのショーがライブ配信されるということもありました。

これらを個人で行うならどんなことができるかを考えてみると、オンラインでの仕事の幅も広がりますね。

事例77 リアルからバーチャルにつなぐ、オンラインイベント

例えば、私は昨年に続き、今年も海外でアート作品の展示会を開催します。これは自分の作品を展示するのではなく、趣味起業を頑張っている皆さんが作ったアート作品の共同展を行う企画です。

絵やオブジェやハンドメイドアクセサリーなど、クリエイターの皆さんの力作をニューヨークやパリなど芸術の街でギャラリーを借りて展示するのです。ここまでは完全なオフライン、つまりリアルでの活動です。

実は**作家の皆さんは実際の展示の様子を設営中から開催中まで、オンラインで観ることができます。バーチャルツアーの展示会版といったところでしょうか**。実際に自分の作品が海外で展示されて、それを海外の入場者さんが見ている姿を確認できることは、自分が海外で個展を開いたかのような感覚を味わえる瞬間かもしれません。

とは言え、四六時中ライブ配信ができるわけではないので、録画でお届けすることも多いのですが、それでも**オンラインで現地の様子を伺い知ることができるのは作家の皆さんのテンションを上げる**お手伝いができているのではないかと思っています。

こんなふうに**自分がリアルで動いて、お客様とオンラインでつながることで、可能になる仕事はどんどん増えていきます**。

実際に、オンラインでのワインテイスティング会や、オンラインでのガーデニングクラスなど、さまざまなイベントの開催例がありますし、すでに紹介したオンラインセミナーなども、配信側はリアルの会場でセミナーを開催するパターンなどはこれに含まれるでしょう。

第 9 章

副業で個人が知っておきたい注意事項

idea

知っておきたい社会のルールや法律のコト

個人であろうと法人であろうと、自分で収入を作るにあたって、守らなければならないルールや法律があります。あとで「知らなかった」や「うっかりしていた」では済まされないものもありますので、注意しましょう。

この章では副業をするにあたって関係するであろうルールや法律を紹介します。ただしこれは、ときとともに変更が加えられたり、時代とともに変化したりするので、あくまでも参考程度に捉えていただき、実際にはそれぞれの専門家の方に確認をするか、ご自身で検索して関係省庁のページなどで確認されることをお勧めします。

Web販売なら必須!? 特定商取引法に関する表記

そもそも、特定商取引とは何なのでしょう。**法律では次の販売方法が特定商取引の対象とされています。**

- 訪問販売
- 通信販売
- 電話勧誘販売
- 連鎖販売取引
- 特定継続的役務提供
- 業務提供誘引販売取引
- 訪問購入

恐らく、本書を読んで実践される方が関係してくるのは、Ｗｅｂ上で受付をすることで成立する「通信販売」ではないでしょうか。物販でもサービス提供でもこの「通信販売」にあ

たります。その際、特定商取引法に関する表記として記載すべき項目はジャンルによって変わりますが、おおよそ共通するのは、

- 事業者名（屋号）
- 責任者名
- 所在地
- 連絡先
- 料金
- 支払い方法や返金方法
- 商品引き渡しの時期
- 返品や交換の条件、ルール

などです。少しややこしいと思われるかもしれませんが、今時はＷｅｂショップ構築サービスなどで、**必要事項を入力すれば特定商取引法に基づく表記が完成するようになっている**ところもあります。そういうサービスを利用するのも方法のひとつですね。

注意しておきたい、必要な許認可

例えば酒類の販売には「**酒類販売業免許**」、旅行業をするには「**各種旅行業登録**」など、とにかくさまざまなジャンルの仕事に、さまざまな種類の許認可が存在します。ここでその一覧を掲載したいのは山々ですが、あまりに多すぎてとんでもないページ数を割くことになるので、割愛させてください。

一番安全なのは、今からやろうとしている**「仕事（業種）＋許認可」で検索する**ことです。必要な許認可がある場合はそれでおおよそ知ることができます。ただし最新情報については必ず関係省庁のホームページを確認するようにしてください。検索結果の情報が必ずしも正しいとは限らないからです。

なかでも**知らずにやってしまいがちなのが、古物商許可を取得せずに中古品を売るケースです**。扱う中古品が古物に該当するのかどうか、またフリマアプリで売るのか自前のWebショップで売るのかなど、条件によって違うのでしっかり確認をしておきましょう。

知らないでは済まされない！
著作権・肖像権

文章やデザイン、絵画、音楽、造形物、映画やアニメなど、おおよそ**創作物と言われるものには著作権が存在します。そして基本的に、創作物が創作された時点で、自動的に創作者にその著作権が発生します**。手続きや申請は必要ありません。ですので、あなたが創作したものにもすでに著作権が発生しているのです。

当然、副収入を得るための活動をしていく中でも著作権法は守らなければなりません。うっかり違反してしまうケースはいくつもありますが、気を付けたいケースをいくつか書き出してみましょう。

- ネット上にある画像を勝手に借りてホームページやブログ、ＳＮＳ投稿に使う
- すでにある著作物をもとに二次創作をする
- 他人が作った音楽を無許可で自分が配信する動画などのＢＧＭに使う

・書籍や新聞、雑誌の一部分を勝手に引用する

など、書き出すとキリがありません。

これらを防ぐ手段としては、

・著作権フリーの写真や音楽などの無料素材を使う、または購入する
・著作者の了解を得てから使う
・文章などの場合は引用元を明記する

といった方法があります。

最近では生成ＡＩが作る文章やアートの著作権はどうなっているのか、ということが言われています。ようやく**著作権的にも大丈夫な画像を生み出すとされる生成ＡＩも登場してきたので、安易に画像や文章を作らせて使用する前に、どの生成ＡＩだと大丈夫なのかを確認しておきましょう。**

では、**肖像権**はどうでしょう。

肖像権というと、つい有名人の顔写真などを思い浮かべる人も多いかもしれませんが、**一般人にも肖像権はあります。例えばあなたが町の中で撮影した写真に知らない人が写っている、それをホームページやSNSに投稿する、という行為は肖像権に違反している**ことになるのです。

もちろん知っている人であっても無断で公開することは違反行為にあたるので、きちんと許可をもらってから公開するようにしましょう。**知らない人が写っている場合は、写真にスタンプやモザイクの加工をして誰かわからないようにしてから公開する、**という配慮が必要です。

著作権も、肖像権も、ここに挙げた例がすべてではありません。それぞれ非常に細かく規定されているので、ここですべてを解説することができません。「これは大丈夫かな」と不安になる場合は、必ず調べて確認するようにしてください。

idea

その収入確定申告、要る？ 要らない？

副収入を得るようになって気になるのが、「**確定申告**」です。はたしてあなたが得た副収入について、申告は要るのでしょうか。この本は副収入がテーマですので、本業としてどこかに勤めていて給与収入があることを前提に、簡単に説明させていただきますね。

まず、本業で給与の年間収入が2000万円を超える人は、副業で得る所得がいくらであろうと、確定申告が必要です。

本業での給与収入が2000万円以下の人で、本業の他に「給与所得以外の収入」が年間で20万円を超える人は、確定申告が必要です。つまり、本業の給与収入の他に、自分で商品やサービスを提供して収入を得ている人で、その年間所得が20万円を超える場合がこれにあたります。

ちなみに**ここでいう20万円は「売上」ではなく「所得」です**。例えば、副業で講座を開催して25万円の売上があったとします。**このとき会場費に6万円支払った場合、これが経費になるので所得は19万円、確定申告は不要**ということになります。これが自宅開催などで会場費も交通費もかかっていないのであれば、確定申告は必要となります。

その他、条件によって確定申告をしなければならないケース、しなくていいケースとさまざまです。勝手な判断で申告をしないで放置すると、知らないうちに脱税をしていることにもなりかねないので、自分の場合はどれに該当するのか、よくわからない場合は、毎年確認するクセをつけておきましょう。

必ずチェック、就業規則！無許可副業で起こりうるトラブルとは

あなたの会社にも就業規則というものがあるでしょう。副業をする前には一度目を通しておきましょう。**大抵の会社は、就業規則に副業をしていいのか、ダメなのかを書いているか**らです。ただ、**ダメと書いてある場合でもそこに「許可なく」という枕詞がついているケースも多く、その場合は許可さえもらえば副業ＯＫという解釈**になります。

また、**働き方改革の一環として２０１８年には厚生労働省がモデル就業規則の内容を「副業していい」というものに書き換えました。このモデル就業規則を採用している中小企業も多く、これに伴って副業ＯＫの会社が増え、この年は副業元年と呼ばれました。**

ただ、気を付けたいことがあります。たとえ副業ＯＫと就業規則に書かれていても、職場の空気がそれを許さないケースがあるのです。原因はさまざまです。慢性的な人員不足や上司の無理解など。同僚からも「何でお前だけ副業やって、ガッツリ稼いでんの？」と言われ

て、人間関係が悪くなることも考えられます。ちょっとしたミスも「副業なんかやってるからだ！」と副業のせいにされかねません。

だからと言って副業をあきらめる必要はありません。**いかにその職場の中で副業ＯＫの空気を作るかを考えてみてください。まずは信頼関係です。**職場の中であなたが信頼を勝ち取ることができれば、副業のことでとやかく言われることも減るでしょう。

どんな状況であれ、隠れて副業をすると見つかった場合、非常にややこしい問題が発生します。会社内で決められた報告や手続きをきちんと済ませて取り組みたいものです。

ちなみに、就業規則で禁止されているのに副業をして見つかった場合、もちろんそれでクビになることはないと思いますが、会社によっては左遷やリストラの対象者に入れられたり、そこまでじゃなくても部署替え、配置換えといった事態に発展することも考えられます。

決して無理することなく、可能であればきちんと届け出をして許可をとった上で副業に取り組みましょう。

インボイス制度、副業も関係ある？

インボイス制度は2023年10月に導入された、消費税の納税額を正しく計算するための新しい制度です。基本的に、前々年の課税売上高が年間で1000万円以下の場合、消費税に関しては免税事業者となって、計算も納付も不要とされています。

ところがこのインボイス制度が導入されたことで、消費税を納付している事業者かどうかが一発でわかるようになってしまったのです。**適格請求書発行事業者**の登録をしている場合は「消費税、きちんと納付している事業者ですよ」ということになり、していなければ「前々年の課税売上1000万円以下で、免税事業者ですよ」と自己申告しているようなものだからです。

もちろん、副業の場合はそれでも特に問題ないのですが、**取引先が企業である場合、請求書に登録番号を書いてください、と言われることがほとんどです**。ですから、もしあなたが取り組んでいる副業のお客様が〝個人〟である場合は、あまり気にしなくていいでしょう。

副業がバレにくい確定申告とマイナンバーの関係

副業が会社にバレる理由のひとつに、「住民税の増額」があります。経理担当者が、あなたの給与を計算しているとき、ひとりだけ突出して住民税が増えていると、「おや？給与以外に収入があるな？」と勘づかれてしまいます。これを防ぐには、**副収入の確定申告をする際、住民税の徴収方法のチェック欄で「特別徴収（給与天引き）」ではなく「自分で納付（普通徴収）」を選びましょう。これで納税額から副業がバレるのを防ぐことができます。**

また、マイナンバーカードを取得した人の中には、そこから納税額がわかって、会社に副業がバレてしまうのではないか、と心配している人もいるかもしれません。会社にマイナンバーを提出する必要があるので、その心配はもっともです。しかし結論から言うと、**企業がマイナンバーを使って従業員の所得を調べることはできないので、そこから副業がバレる心配はありません。**

それよりも、前述の通り、住民税の増額に気をつけたほうがいいですね。

副収入はどう受け取る？専用口座は必要？

商品が売れた、講座に申込があった、副業をしてお客様がつき始めると、その都度、入金が発生します。今どきはＷｅｂショップ構築サービスを使うと、さまざまな決済方法が用意されているので、受取方法にはそれほど悩まなくても大丈夫でしょう。あえてお伝えするなら、クレジット決済と銀行振込、少なくともこの２通りの決済手段は用意しておいたほうがいいでしょう。

銀行振込が面倒くさい人はクレジット決済を好みますし、ネットでクレジット決済を使うのが怖い人は銀行振込を好みます。最低この２つがあればまず大丈夫でしょう。

クレジット決済をしてもらった場合は、最終的にはあなたの銀行口座へお金を移動させないと、それを使うことはできません。その際の銀行口座は、もちろん個人口座でも問題ありません。ただ、**個人のお金と副収入で出入りするお金を分けたい場合は、専用の口座を開設**

しておいたほうがいいでしょう。できれば、ネットで入出金が確認できる口座が理想です。

また**少しでも信頼度を上げたい場合は、屋号での口座開設をお勧めしますが、その場合は事前に開業届を税務署へ提出しておく必要があります。この控のコピーを銀行に提出することで、「屋号＋個人名」の口座を作ることができます。**

将来、所得が増えて確定申告することも視野に入れて活動されるのであれば、口座は分けておいたほうがわかりやすくていいですね。

やがて独立したいなら

「どのタイミングで独立起業すればいいでしょう」という相談を受けることがあります。これも**その人の置かれている状況によって変わるので一概には言えません**。独り身なのか、結婚しているのか、子供がいるのか、奥さんは賛成なのか反対なのか、副業で始めた仕事の収入はどれくらいなのか、急に売上が下がっても食べていける蓄えはあるのか、など取り巻く状況はいろいろです。

もちろん、そんなことを気にしすぎてはいつまで経っても独立できない、というのも事実です。ただ、私自身が1回目の独立で失敗して借金を作って大変な目にあった経験があること、そしてコンサルタントとして軽はずみなアドバイスはできないこと、などがあってどうしても相談者さんの状況を確認してしまいます。

でもこれは表向きであって、**本当は、「難しいことを考えないで、やりたければやってしまいましょう！」と言いたい**のです。もちろん家族は大切です。もし家族が良く思ってくれないのであれば、しっかり話し合う時間を取るべきです。その上で、**「それでもやりたい」というあなたの情熱が続くのであればGO！です。**結局は楽しく突き進む人が成果を出すからです。**他の人のせいで自分の夢をあきらめると、最後には後悔が残ります！**

もちろん、独立するとなると、生活は一変しますから、何があっても大丈夫なように、対策だけは立てておきましょう。**一番はしばらく食べていける蓄えでしょう。あとはできる限り信頼できる人脈をたくさん増やしておくことです。さらには今やっている副業でのファンを徹底的に増やしておくこと。**

以上の3点があれば、たとえ失敗してもすぐ立ち上がれます。そしてこの3点は、頑張れば誰だって用意できるものなのです。

あなたが夢を実現されるのを楽しみにしています。

おわりに

本書を最後までお読みくださり、本当にありがとうございます。

いかがでしたでしょうか、あなたも「これならできそう！」と思えるネタを見つけていただけたのではないでしょうか。

私は普段、「趣味起業コンサルタント」として活動をし、これまで多くの方のさまざまな趣味を仕事にすべく向き合ってきました。その中で培ったノウハウを書き記したつもりですが、ともすると表面的には面白おかしくネタを書き綴ったように見えるかもしれません。

ただ、そこには私が普段から考えている3つの思いが込められているので、最後にそれをお伝えさせてください。

私が趣味起業コンサルタントとして活動を始めてしばらくした頃、世間は就職難でどこの入社面接を受けても内定がもらえない、という人が続出しました。「私は世の中に必要とされていない人間なのだ」、と感じて鬱《うつ》になったり、自殺願望を持ったりする人まで出てきました。「就活自殺」という言葉が出たのもこの頃だと記憶しています。

政府は雇用環境の改善を云々と対策発表していましたが、私が思ったのはこうでした。

「学校を卒業したら、人生の選択肢が『さらなる進学』か『就職』かの2択になっているのがまずいのでは？」

そこにもし、普通に人生の選択肢として「趣味起業」という道があったらどうでしょう。

多くの若者が「あ、就職できないなら、自分の好きなことで仕事を生み出せばいいんだ」と、前を向いて人生を拓くことができるのではないでしょうか。そして実際に今はそれをとんでもなくローリスクでチャレンジできる時代です。

だから人生の選択肢として普通に「趣味起業」という生き方がある社会を作りたいのです。これが1つ目です。

同じように、定年退職をされた方の人生の選択肢はどうでしょう。

一般的には「年金生活」か「再就職」の2択になってしまっているように思えるのです。

再就職といっても、高齢になってからは思ったような仕事を見つけるのも難しいはずです。

人生100年時代と言われて久しいですが、**定年後の30年、40年の人生をより楽しく充実したものにするため、「趣味起業」という人生の選択肢が普通にあってもいい**のではないでしょうか。60年以上生きてこられた方が、何の特技も趣味も持っていないはずがないのです。

これが2つ目です。

そして3つ目は、**今まさにお勤めをされている方や専業主婦の方、自営業をされている方まで、多くの方にとっての収入を増やす手段として、趣味起業という人生の選択肢が普通にある社会にしたいのです。**

これらを世界中に広めたい、ひとりでも多くの人が、趣味起業という生き方で幸せに活躍する世の中にしたい、やがてそれは世界平和へもつながっていくのではないか、少なくともその一助にはなるだろうと本気で考えています。

世界平和の最小単位は個人の幸せであり家族の幸せです。もちろんそれは収入アップがすべてではありません。でもそれも幸せの要素のひとつであることは間違いないでしょう。趣味起業がその助けになれば、これほど嬉しいことはありません。

本書はそんな方々に届いて欲しい一冊です。たかが副業、されど副業。そこに「楽しさ」「面白さ」「好きなこと」「得意なこと」を求めたっていいじゃないですか。いえ、求めるからこそ充実した素晴らしい人生とともに、収入を増やすことができるのです。どうかこの本がそのお役に立ちますように。

最後に、この書籍を作るにあたって、企画を通すために奔走してくださった日本実業出版社の中尾淳編集長、デザインや印刷に関わってくださった皆さん、執筆を応援してくれた私の大切な家族、SNSを通じてエールを送ってくださったフォロワーの皆さん、本当にお世話になりました。たくさんの勇気とエネルギーを、ありがとうございました。

そして何より、これを手に取って読んでくださるあなたがいてくださって初めて、この本に命が吹き込まれ、存在価値が生まれるのです。心から感謝の気持ちを伝えたいと思います。本当にありがとうございます。

いつの日かあなたから「この本を読んで、こんな成果が出ました」「人生が楽しくなりました」というご報告をいただけることを楽しみにしています。

私も本書の内容を世界へ届けられるように楽しみながら進みます。
それが皆さんへの恩返しとなりますように。

2024年9月吉日

戸田充広

メンタルブロック解除 157
メンテナンス 235
メンテナンスドッグマッサージスクール 188

も

木彫家 149
モチーフ 81,142
モチベーション 176

ゆ

唯一無二のアートジュエリー 262
ユーザー数 223
友禅 112,113
有料オンラインコミュニティ 226
有料コミュニティ 99,226
有料サービス 227
有料版コミュニティ 169
有料版の感想 226
有料版のコミュニティ 222

よ

洋裁・パッチワーク教室 281
羊毛フェルト作家 284
ヨガと呼吸でココロとカラダを整える専門家 263
予約 62
予約サイト 181

ら

ライブトーク 64
ライブ配信 59,60,68,69,73,225
ライブ配信スタンド 325,326
ラッキーカラー 125
ランチ / ランチ会 60,80,96,112
ランニングコスト 148,158,185,192

り

リアル店舗 232,233
リアル販売 240
利益率 240
リスナー 64
リピーター 147
リラックス 87,103,146
リンク 61,73,74

る

類似業者 152
ルール 74,105,106,216,217

れ

歴史 109,110
歴史家 171
歴史グッズ販売 329
歴史好き 144,151
レザークリエイター 272
レッスン 96,98,115,126,127,136,188
レッスン教室 258
レビュー 62,181
恋愛専門カウンセラー 143
レンタルスペース 234

わ

ワーク 34,35

フィードバック……51
フィールド……102,145,146
ブース……234
夫婦再構築カウンセラー……275
夫婦問題……37,75,215
夫婦問題カウンセラー……213,215
フォロー……72,73,75,152,195
フォローバック……72,195
フォロワー……44,72,73,74,75,84,187,190,194,195,203
副業……57,115,159,188
複合型……175
副収入……9,31,37,38,41,50,67,75,76,96,108,145,150,167,170,171,176,202,203,206,208,216,232,237
ぷさいくスタート……9,11,13,72,79
プチ鑑定……189,190,191
プチ自慢……193
プチ自慢投稿……194
筆文字……38,119
部分販売……160
プライベート……71,80,81,83
プラットフォーム……66,68
フラワーリース作家……285
ブランド力……234
フリーマーケット……234
フリマアプリ……9,53,96,97
不倫解決カウンセラー……265
フルオーダー……140
ブレスレット……189
ブログ……60,61,74,115,127,187,190,194,195,236
プロジェクト……175
プロフィール……60,75,214
プロレス……198
プロレス業界……198
文章……59,60,61,66,131,225

へ

ペット環境アドバイザー……310
勉強型……175
編集……67,69

ほ

ボイストレーナー……126
ボイストレーニング……127,128
法人化……124,127
法則……13,58,70,77,84,102,112,122,131,135,156,161,167,191,202
ホームページ……60
ポケ海ハンドメイド作家……273
ボタニーペインティング……259
本……12
本業……10,46,47,96,159

ま

マーケティング……84,114,135,155,223
マインドワーク……269
マッサージ……156,184,187
マトリクス……103,104,105,107,108,109,122
マネタイズ……110,237
魔法のワンピース……270
ママ友コミュニティ……205
マルシェ……97
漫画家……257
曼荼羅アートアーティスト……311

み

ミニセミナー……96

む

無趣味……30
無料コミュニティ……170,222,225,226,227
無料のオンラインコミュニティ……226

め

メインキャラクター……208
メール……93,164,165
メール鑑定……124
メールマガジン……60,93,115
メタバース……301
メタバース空間……302,303,305,306
メディア……60,61,62,64
メリット……61,63,65,67,69,98,142,150,164,216,217,222,234
メンタルストーン……189,190,191
メンタルストーンカウンセラー……191
メンタルストーンカウンセリング……191

に

ニーズ……44,84,85,86,87,95,111,114
ニコニコ動画……66
二重価格……242
ニッチ……70,92,102,146,148,150,153,155,170,256
ニッチジャンル……256
ニッチな場所……154,155
日本マインドワーク協会……269
ニャンドゥティ……258
人気作家になる色彩講座……268
人気ジャンル……236
認定講師……127,158,159

ぬ

ぬいぐるみ……36,91,125,162

ね

ネーミング……126
ネタ……9,10,30,31,32,33,34,35,36,40,41,58,62,89,102,104,105,108,110,111,129,141,142,143,144,145,150,160,168,169,180,186,224,256
ネタ探し……39
ネットショップ……241
ネット通販……126

の

ノベルティ制作……316
ノロシ……57,58,59,60,62,64,66,68,70,73,74,76

は

バーチャル会話……164
ハードル……63,64,72
バーベキュー大会……219,220,221,222,228
配信……60,64,67,93
配信者……64,68
パステルアート……259
発信……57,61,64,70,71,72,75,152
花デコ考案者……291
パラグアイ……258
パラグアイの刺繍……258
パワーストーン……189,190,191
ハワイアン……113
ハワイアン柄……9,112
ハンドメイド……91,96,100,116,154,158,162,196,213
ハンドメイドアクセサリー……81,109,158
ハンドメイドアクセサリー作家……142
ハンドメイド作品……62,66,97
ハンドメイド作家……62,66,162,184,185
ハンドメイドマルシェ……234
販売……84,93,97,118,132,136,140,147,185,227
販売記事専門……138
販売シーン……233
販促施策……206
販売手数料……238,242
販売方法……126

ひ

ピアニスト……194,195
ピアノ教室……280
ヒーリング……100
比較サイト……62
ビジネス……50,61,64,85,86,92,104,123,155,157,168,175,176,222
ビジネス型……175
ビジネスモデル……167
ヒット……112,129,134,135
ひとり起業……113,115,124,126,127,133,138,149,158,159,163,171,185,188,192,199,257,258,259
百貨店出店……234
美容室……219,220,228
表彰……36
美容マニア……89
便乗アンケート……206
便乗 DM……206,207
ヒント……100,208

ふ

ファン……64,77,79,81,82,83,130,137,140,149,175,195,206,212,225,232
ファンクラブ……167
ファンクラブ型……175
ファンコミュニティ運営……277
ファン作り……57,68,77,79,80,81,84,93,95,222,234

大ヒット……86
タイプ……33,38
タイムライン……61,62,63,153
対面レッスン……258
タイルクラフト……261
ダウンロード……97,105
タグ付け拡散……184
楽しい……33,41,44,58,191
楽しそう……43,44,62
他力本願……102,131
単品販売事業モデル……165

ち

チェック……37,56,75,206,207
チャット機能……64
チャレンジ……34,98,111,178
チャンス……46,47,48,120,134
調合……87,146,147
超初心者……11,12,13
チョークアーティスト……288
直接オーダー……236
直販……242
著作権・肖像権……342,343,344
チラシ……37,58,150,151,207

つ

通信講座……123,124,148,149,258
ツール……103
釣り……36,97
釣り講座……97
釣り道具……97

て

手描き友禅……9,112,113
適正価格……51,53
デザイン……38,139,140,230
デザインアプリ……230
デジタル世界……301
デジタル読み聞かせ……328
手相……110,123,124
手相診断……111,123
手相心理カウンセラー……124
手作り……92,93,125,126,132,155
手作りお香……147,150
手作りお香教室……146
テディベア……125,130
デメリット……61,63,65,67,69,150,216,226,234
展示……36,140
展示会……73,119
電子書籍出版……319
電子書籍販売……39,318
転職……9,31,36,
伝統工芸……258,
天然石……125,126,191
天然石ワイヤージュエリー……185
天然石ワイヤージュエリークリエイター……185
天然石ワイヤージュエリー講座……185
転売ビジネス……9
展覧会……36

と

動画……12,59,60,61,66,68,97,105,184,194
動画コンテンツ……66
動画投稿……68
動画配信……66,67,69
動画編集……68,131
動画レッスン……159
同業者……53,72
投稿……43,44,62,63,71,72,74,77,80,81,83,88,89,118,152,153,174,182,183,187,193,194,203,224,225
投稿内容……151
読者……93
特別商取引法……339,340
独立起業……92,114,115
ドッグアロマ……188
ドッグマッサージ……187,188
ドッグマッサージセラピスト……186,187
ドラマ衣装……198
トランクス……154,155,196,198
ドリップコーヒー……102,135
トリミング……102,156
トレーニング……127
ドロップシッピング……313,314

な

投げ銭……68,325,326

収入アップ……13
ジュエリークリエイター……271
出店……53,97
出品……53,97
趣味……11,30,32,91,110,144,159,168,170,175
趣味起業……75,76,102,116,160
趣味起業 EXPO……302,326
趣味起業コンサルタント……10,13,134,183
趣味起業ニューヨーク展……119
趣味起業パリ展……119
趣味起業モデル……100
趣味嗜好……35,36,151,153
趣味副業（趣味起業）……41,48,49,50,58,59,75,79,87,95,96,97,98,99,100,136,141,144,151,152,155,156
商標登録……191
商品……42,49,50,52,54,66,81,82,84,86,87,88,89,92,112,115,116,131,135,136,138,141,156,161,180,181,182,193,204,206,217,226,232
商品化……160,180
商品化アイデア……180
商品価値……244
商品説明……249
商品説明文……241
商品作り……102
商品ラインナップ……242
情報収集……61,294
情報の質……246,253
情報の量……244,247,249,253
情報の量と質……250
情報発信……59,60,62,70,76,79,84,93
情報量……245
ショート動画……66
食前キャベツダイエット……229
初心者／初心者向け……11,13,93,97,133,149,185
女性のための好きなこと起業コーチ……321
女性向け心理カウンセラー……267
ショッピングモール……53,235
事例……9,13,75,102,112,126,128,136,152,156,157,162,163,180,186,193,222,227
事例紹介……100
城跡……75,144,170
城跡お茶会……144,171
城跡談義……171
城跡ツアー……144,171
心理カウンセリング……124

す

水彩画……11
数秘術……278
スキマ時間……235
スキル……10,11,31,32,129,131,132,160
スキルアップ……47
スキル不足……134
スタート……11,72,96,113,114,115,127,132,136,137,146,149,159,168,169,170,176,177,185,188,190,227
スタッフ……79
ステップ……49,56,57,58,70,82,84,93,95,96,97,99,222
ストレスケア……264
スペイン語……92,93,106,107,132,133,134,164,172,226
スペイン語教材……92,94,95,105,106,107,132
スペイン語コミュニティ……227
スペイン語コンテンツ……165
スペック……244
スワイプ……62,63

せ

成果……10,46,62,95,128,150,225
制作販売……38,113,132
セッション……99,189
セミナー……45,120,160,175,183,188
セミナー講師……182,183
セラピスト……189
1950年代レトロアメリカ……271
先行者利益……129
宣伝ツール……180
専門……37
専用サイト……227

そ

相談料……13
速読講師……157
ソックモンキー……162

た

ターゲット層……135
ダイエット……62,88

結婚教育専門家……215
決済システム……235
原価……49,51,53
検索……148,149,150,152
検索キーワード……154
検索結果……154

こ

講演家……183
講演会……66,73,120,135
広告……45
広告出稿費……153
広告表示対象者……153
講座……38,39,60,97,98,99,138,159,175,229,230
講師……99,123,125,149,152,185
講師育成講座……99,100
講師制度……100
更年期ケア看護師……264
交流型……175
コード結びアクセサリー作家……279
語学教材……106
個人資金……126
コスチュームジュエリーデザイナー……262
コスト……97
子育てコミュニティ……205
コツ……87,89
子供向け通信教育……207
コミュニケーション……57,81,83,93
コミュニティ……31,74,75,76,98,99,144,168,169,171,174,175,177,202,205,207,208,212,213,214,216,217,219,220,221,222,223,224,225,226,228,229,232
コミュニティ化……218,220,221,222
コミュニティ研究……207
コミュニティ作りの専門家……277
コミュニティの法則……202,203,216
コラボ／コラボレーション……45,73,74,131
コロナ禍……64,113,127,158,229,259
コンサルタント……115,138,154,163,190
コンサルティング……115,123,127,138,183
コンセプト……81
コンテンツ……98,157,172,227
コンテンツアニメ……228
コンテンツビジネス……98

さ

サービス……12,42,44,45,49,52,66,81,82,84,86,89,98,99,112,126,127,131,135,138,139,141,145,156,157,161,163,165,180,181,182,191,193,226,227,228,232
サーフィン……114,115
サーフィン教室／サーフィン講座……9,114,115
再生……67
才能……30
作品……38,62,71,113,119,137,142,158,159
撮影……67,135
作家……81,119,130
サブスク……167,172
差別化……47,79,80,81,82,136,137,143,144
サラリーマン……114,115
サロン……62,100

し

試合用コスチューム……198
試合用トランクス……196
シェア……181,182186,193
シェア拡散……180,181
シェア投稿……182,184,186,187,191,193
シェアの法則……181,182,186,193
資格制度……99,100
色彩心理効果……268
時系列……37
自己資金……139,150,159,185,257,258
仕事……9,10,32,37,39,46,75,83,116,138,183
自宅サロン……233
四柱推命鑑定……185
四柱推命鑑定士……185
実店舗……241
質問……12,13,32,33,35,42,68,83,87,223,224
写真……46,61,62,66,67
写真映え……184
シャッフル再生……94
ジャンル……40,66,100,120,129,145,147,148,150,151,152,153,154,155,156,186,213
集客……64,113,127,138,190,202,203,204,206
集客できるカラーコンサルティング……268
就業規則……347,348
収入……9,10,11,13,30,36,48,58,59,62,68,70,71,77,87,97,98,99,100,102,155,158,202,229,230

か

会員制コミュニティ……98,99
開運……74
開運テディベア……125,130
会議室……9,114,115
開業……58
開催……93,96,97,98,99,114,115,146,160,187
会社帰り……114,115
会場……66,97,169
カウンセラー……37,85,100,116,117,160,205,213
カウンセラー養成講座……265
カウンセリング……38,100,117,191,205
香り……37,145,146,151
価格競争……85,129
価格設定……49,50,53,54,232,237,239
書き込み式ワーク……209
拡散……186,189,194,196
確定申告……345,346
格闘家……198
格闘技衣装屋……198
家系鑑定士……260
家系診断……260
掛け算……108,109,122,126,128,130,145
過去との仲直り……260
箇条書き……35,37,39,88
カスタマイズ……157
カスタムオーダー……272
画像……59,62,63
仮想空間……301,302
家族相談士……260
カテゴリ……31,75,139,150
カラーブランディング……268
革ジャン……139,140,141
革ジャンペイント……139,140
変りダネ副収入の法則……256,260,264,268,273,277,281,286
鑑定……126,189,190
鑑定結果……124
管理人……169

き

キーワード……119,190
起業……9,113,127,132,137,148,157,159,188
起業家……138
起業塾……154,196
起業セミナー……123
キックボクサー……154,155,196
キックボクシング……198
木彫り……148
木彫り教室……149
木彫り作品……149
木彫りのぬいぐるみ……149
キャッチコピー……114,118,149
キャベザップCLUB……229
キャベザップダイエット……230
キャベツダイエット……228,229
キャラクター……80,94,124,169,183
九星気学……125,126,130
協会……100
教材……92,93,94,98,106,107,132
教材販売……97,227
教室……12,13,60,62,87,96,97,114,115,136,137,152,158,219
教室開催……256
教室業……233
教室講師……159
切り売り……160

く

口コミ……139,147,174,180,181,183,198,202,203,218,226,232
口コミ力……221
グッズ……171,208
グッズ制作……171
クライアント……157
グラフィックレコーディング（グラレコ）……286
クラフト講師……261
クリエイター……62
クリエイティブ……62
グルーデコ……158
グルーデコアクセサリー……159
グルーデコ＆グルー継ぎ講師……289

け

経営者向けメンター……290
経験値……30,129
傾聴……157
月額制コンテンツサービス……228
月額制のコミュニティ……227
結婚教育……215

イラスト 37,38,71,162
イラストレーター 62,71,160,162,286
色の調合 268
印税収入 319
インターネット 137
インターネット環境 66
インパクト 128,184
インボイス制度 349

う

ウエディングドレスクリエイター 283
宇宙人 81,142
海ハンドメイド商品 274
占い師 74
占い師起業 278
売り手 90
売れるアイデアの法則 112,122,131,135,146,156,161,167
運営 31,98,100,168,169,171,176,222,229
運営者 168,175

え

絵 38,139,140
エアブラシアート 136
映像 90,92,135
絵本 110,111,123,124,183
絵本作家 183
絵本 de 手相 123

お

お絵描き職人 286
オーダー 125,126,136,140,154,155,196,198
オーダー契約 198
オーダー制作 256
オーダーメイド 125,198,266
オーダーメイド服 266
オートクチュールデザイナー 266
オーナー 58,229
お金のブロック 49,50,51
お客様だまり 208,209,211,213
お客様の声 221
お香 87,146
お香の調合 152
お茶会 45,73,96,97,99
お茶箱 256
お友だち価格 53
同じ条件下 251,252
お姫様鑑定 124
オフ会 99,169,173
オフライン 73
オリジナリティ 139
オリジナル 132,147,183
オリジナルイラスト 162
オリジナルキャラクター 183
オリジナル教材 165
オリジナル曲 194,195
オリジナル商品 161
オリジナルスペイン語教材 93,104,163,227
オリジナルデザイン 141,158
オリジナルデザイン T シャツ 314
オリジナル動画 172
音声 59,97
音声 SNS 64
音声配信 65,67,75
音声ライブ 64
オンライン 53,73,97,124,138,159,173,190,232
オンライン化 47,158
オンライン開催 73
オンライン鑑定 124
オンライン起業 230
オンライン作品展 73
オンラインサロン 168,169,172,173,174,176,177
オンラインサロン運営 169,170,171,172,174,178
オンラインサロン化 178
オンライン集客 138
オンライン上 75,190,202,211,213,222,223
オンラインショップ 159,232,238
オンラインショップ構築サービス 235
オンラインショップサービス 235
オンラインショップモール 235
オンラインスクール形式 229
オンラインセミナー 73
オンライン通話システム 307
オンライン販売 236,240
オンラインレッスン 258

さくいん

ABC

A4 シート……196, 197
AI 動画×音声でファン作りの専門家……330
Canva……230
clubhouse……64, 75, 223
Facebook グループ……74, 223
Facebook 広告……152
Google……154
Instagram……42, 43, 45, 62, 118
Instagram 広告……152
LINE……60
LINE オープンチャット……64, 223
LINE 公式運用コンサルタント & ChatGPT セミナー講師……320
NFT アート……296, 305
SNS……63, 70, 73, 74, 75, 93, 151, 153, 174, 180, 181, 183, 187, 194, 202, 203, 206, 213, 219, 223, 225, 236
SNS 広告……152, 153
SNS 告知……157
SNS 社会……273
SNS 投稿……88, 183, 186, 195
SNS 発信……196
Spotify……64
stand.fm……64
TikTok……42, 43, 45, 60, 66
Vimeo……66
Web 記事専門のライティング……331
Web 上……59
Web ショップ……113, 118, 181
Web 販売……134
Web 副業……294
Web 副業の法則……296, 301, 307, 313, 318, 322, 328, 331, 334
Web メディア……60, 68
X（旧 Twitter）……60, 62, 64, 75
X（旧 Twitter）コミュニティ……223
YouTube……12, 60, 66, 194
Zoom……127, 230

あ

アート／アート系……11, 233
アートジュエリー作家……287
アイシングクッキー作家……274, 282
アイデア……71, 102, 103, 104, 107, 108, 110, 114, 115, 117, 119, 121, 123, 129, 131, 132, 133, 136, 141, 142, 143, 145, 161, 164, 175, 180, 203, 232
アカウント……73, 74, 152
アクセサリー……116, 118, 119, 125, 151, 162, 185
アクセス……61
アップロード……241
あと出しじゃんけん……161
アドバイザー……38
アドバイス……38, 56, 60, 75, 157, 214, 223
アドバイス業……31
アバター……301
アプローチ……118, 126, 127, 128, 207
アメリカンヴィンテージ……236, 271
アレンジ……102, 118, 161
アロマ……145
アロマ教室……152
アロマセラピー……145, 188
アロマセラピスト……37
アンケート……83, 208, 224
案内チラシ……206, 207

い

いいね！……72, 152
異業種……159
委託販売……233, 242
イニシャルのアクセサリー販売……261
犬専門マッサージ……9
犬の変顔コンテスト……186, 187
犬のマッサージ……186
イベント……30, 36, 53, 97, 99, 114, 119, 202
イベント会場……207, 234
イベント出店……162, 234, 236
イメージ……92, 113, 116, 118, 123, 148, 180, 188, 205
イメージアートクリエイター……310
癒やし／癒やされ……87, 91

INFORMATION

趣味起業や副業について、さらに学んで実践するには、「趣味起業メールマガジン」をご活用ください。特典をご用意しています。

趣味起業メールマガジン

講演依頼・取材依頼・その他お問い合わせについてはこちらの詳細ページをご覧ください。

お問い合わせ

戸田充広（とだ　みつひろ）

日本初の趣味起業コンサルタント。アイデア次第で好きを仕事にする第一人者。脱サラ後、メキシコ雑貨店を開業するも半年で廃業、多額の負債を抱える。その後、返済のためだけのやりたくない仕事を複数掛け持ち。数年後、学生時代にかじったスペイン語を活かし、日本に留学中のネイティブと組んで「オリジナル教材」を作成、Web販売したところヒットして再起業。好きなことを仕事にするべきと確信し、趣味起業コンサルタントとして活動を開始。これまでの17年間で約3000名、ニッチなネタからポピュラーなものまで150種以上の趣味起業と向き合う。現在は一般社団法人全日本趣味起業協会の代表理事を務め、趣味起業コンサルタントとして活動しつつ、絵本作家としても活動中。

2022年5月より、大手通販会社フェリシモでスタートした通信講座「趣味からおこづかいプログラム」を監修。人気の副業や変わりダネ副業などのテーマでメディア取材多数。フジテレビ『めざましテレビ』、テレビ朝日『ワイド！スクランブル』などに出演した。

2023年からニューヨークとパリで趣味起業アート&クラフト展を開催。

著書に『1日1時間で月10万円の「のんびり副業」』（現代書林）、『あなたが輝く趣味起業のはじめかた』（アルマット）などがある。

副業《ふくぎょう》アイデア逆引《ぎゃくび》き事典《じてん》
どんなネタでも副収入《ふくしゅうにゅう》！　驚《おどろ》きの発想《はっそう》とすごい売《う》り方《かた》77

2024年10月１日　初版発行

著　者　戸田充広 ©M. Toda 2024
発行者　杉本淳一

発行所　株式会社日本実業出版社　東京都新宿区市谷本村町3-29 〒162-0845
編集部 ☎03-3268-5651
営業部 ☎03-3268-5161　振　替　00170-1-25349
https://www.njg.co.jp/

印 刷／堀内印刷　製 本／若林製本

ISBN 978-4-534-06138-6　Printed in JAPAN